MENOS ROTINAS
MAIS ROTEIROS

Leonardo Silveira

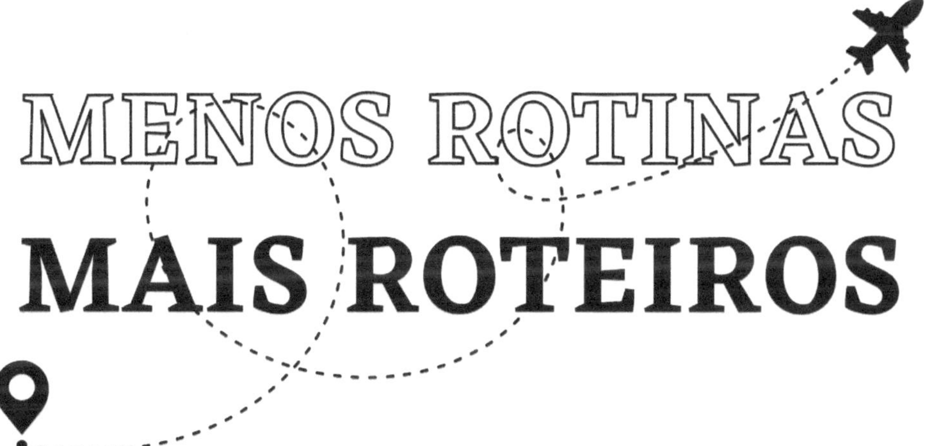

1ª edição

São Paulo
2022

1ª edição

Ilustrações: Marsala Digital

Impressão, Acabamento e Distribuição: Amazon Kindle Direct Publishing

O texto dessa obra obedece às normas do Acordo Ortográfico da Língua Portuguesa.

Dados Internacionais de Catalogação na Publicação (CIP)
(Câmara Brasileira do Livro, SP, Brasil)

```
Silveira, Leonardo
   Menos rotinas, mais roteiros : Europa /
Leonardo Silveira. -- 1. ed. -- São Paulo :
Ed. do Autor, 2022.

   ISBN 978-65-00-59906-0

   1. Europa - Descrição e viagens 2. Relato de
experiências 3. Turismo 4. Viagens - Narrativas
pessoais I. Título.

23-140969                        CDD-910.40914
```

Índices para catálogo sistemático:

1. Viagens : Narrativa pessoais : Europa   910.40914

Henrique Ribeiro Soares - Bibliotecário - CRB-8/9314

Para minha mãe,
a maior incentivadora que tenho na vida!
Não entra em um avião, mas embarca em todas as minhas
aventuras, dando a força que eu sempre preciso.

Mãe,
sem você eu jamais teria chegado onde cheguei.
Obrigado.

SUMÁRIO

Nunca viajei.

Viajar para mim era visitar os parentes durante parte das férias de verão ou inverno. E estava ótimo! Mas enquanto era criança. A última vez que realizei uma viagem nesse formato foi em janeiro de 2010. Após isso, viria a viajar novamente somente em dezembro de 2017. Mas por que um intervalo tão longo? Porque após 2010 iniciei um processo de formação profissional que consumia 100% do meu tempo. Estudava de dia, à noite, finais de semana, nas férias... Não me arrependo. Foi o que me deu embasamento teórico, conhecimento científico, um preparo para o que hoje já são 10 anos de experiência (entre teoria e prática) na área da educação.

Em janeiro de 2017, um sentimento de cansaço tomou conta de mim. Se fosse hoje, diria se tratar da Síndrome de Burnout! Mas naquela época, não se tratava de um esgotamento de tanto trabalhar ou de estudar. Longe disso! Mas um cansaço da rotina na qual havia se tornado minha vida.

Aos 25 anos já tinha o que podemos chamar de "tranquilidade financeira", em especial por ter estabilidade no emprego. Ou seja, o árduo trabalho dos anos anteriores e até mesmo certa privação, em alguns sentidos, permitiram-me isso, mas ao mesmo tempo, trouxe-me o questionamento: e agora? Vou fazer somente isso pelo resto da vida, esperando a aposentadoria, sem saber o que irá acontecer depois? Hoje a pandemia me mostrou a importância de se viver um dia de cada vez, da melhor forma possível! Porém há cinco anos ainda era muito ansioso... Enfim, deixa eu voltar para o que interessa!

Estava – mais uma vez – de férias do trabalho quando essas questões começaram a me atormentar. Mais precisamente a última semana do mês, últimos dias de férias. E o que fiz durante esse período? Nada. Ou, pelo menos, nada que seja realmente produtivo. Ficar em casa não é de todo o ruim. Passar o dia assistindo TV, lendo notícias na internet, comendo muito e fazendo mais nada... No dia seguinte, a mesma coisa... E depois, a mesma coisa... E quando você se dá conta, percebe que na próxima semana volta a trabalhar e mais uma vez se pergunta: o que fiz durante esse período? Bom, agora já sabemos a resposta.

É claro: se estivesse trabalhando, outras coisas mais importantes estariam consumindo meu dia a dia, e eu não teria tempo para perder o foco. Foi então que decidi: nas próximas férias farei diferente.

Passei os dez meses seguintes pesquisando muito, ainda sem saber para onde ir. Pesquisar a frase "viagem de 30 dias" passou a fazer parte da minha nova rotina de férias (fim de férias, na verdade). Foi então que alguns artigos em blogs e vídeos no YouTube me fizeram decidir que iria a Europa. Mas para onde, exatamente? E mais uma vez, roteiros prontos que encontrei me ajudaram a moldar o que seria a base para a minha primeira viagem sozinho. Sim, sozinho. Apenas eu pelo mundão à fora!

Seria muito mais fácil e prático procurar agências de viagem e adquirir seus serviços. No entanto desde o início, para mim, não foi uma opção. Primeiro porque, sem dúvida, sairia bem mais caro. Segundo (talvez considere este o fator mais importante) seria algo muito impessoal. Além disso, pesquisar cada detalhe e posteriormente passar por uma experiência totalmente planejada por você, proporciona uma sensação muito melhor. Seria uma autorrealização indescritível! E foi...

Foram exatos 34 dias de viagem, passando por Espanha, Itália, Holanda, França e Inglaterra. Sem falar direito nenhum idioma, além do português. Foi uma experiência tão surreal que no voo de volta já planejei as próximas férias! E com o passar do tempo me habituei a planejar viagens de férias, feriado prolongado e até final de semana. Apenas com a vontade de sair da ROTINA e ver o que o ROTEIRO me reserva.

Puno (Peru), 21 de setembro de 2022.

- PARTE I -

MINHA PRIMEIRA AVENTURA

E não poderia começar de um jeito diferente: contando como foi o início de tudo isso, a primeira viagem, o primeiro contato com o 'mundo' fora da minha bolha. As lembranças estão bem vivas ainda (mas alguns rascunhos me ajudam também, é claro...). E por falar em rascunho, olha isso: a ideia de fazer um livro contando essa história veio logo que voltei ao Brasil. Engavetei o projeto, mas hoje faço minhas as 'minhas próprias' palavras!

"Viajei? Sim! Passei um mês da minha vida passeando sozinho. Fui à Europa, voltei e os fatos já ficaram para trás... A rotina voltou ao estado normal de uma forma imensamente rápida, não permitindo tempo para assimilar tudo o que aconteceu. Hoje, dois meses após ter regressado, muitos ainda me questionam: como você fez? Por onde você passou? O que você achou?

Ainda que tenha postado inúmeras fotos em minha página pessoal do Facebook, parece não ter sido o bastante. Por essa razão, decidi ouvir a sugestão de algumas pessoas e escrever tudo – ou quase – o que ocorreu durante esse período, com o objetivo de registrar as respostas para essas e outras questões.

Desejo que você, leitor ou leitora, se inspire com as palavras e possa também realizar uma inesquecível e encantadora viagem em busca de desbravar o velho continente.

São Paulo, 02 de abril de 2018."

Só uma observação: não tenho mais essa conta no Facebook. Hoje utilizo o Instagram não só como álbum de fotos, mas também – e principalmente – como uma ferramenta que me ajuda a ajudar outras pessoas que querem fazer o mesmo, mas que, por razões adversas, não o fazem.

Te convido agora a viajar comigo para a Espanha, mais precisamente à Madrid!

E como dar início a aventura ainda em território brasileiro? Fácil! Basta escolher uma companhia aérea que possui voos escassos para o Brasil, cuja tripulação não compreenda nada em português: Air China. Quando pesquisei sobre voos, descobri que a ida não sairia com um bom valor, haja vista que ocorreria na última semana do ano, entre Natal e Ano Novo, duas datas críticas quando o assunto é economizar. Comprar passagens de companhias diferentes, uma para ida e outra para a volta, não seria uma opção muito boa, financeiramente falando. As empresas diminuem o valor de seus tickets quando adquiridos em conjunto, o que torna a aquisição de passagens únicas mais cara.

Se pensarmos na razão pela qual fazem isso, é matemática simples: comprando apenas a passagem de ida, a empresa não possui a certeza de ter um passageiro ocupando o seu lugar em um voo de volta. Assim, cobram – muitas vezes – um valor absurdamente alto, fazendo com que você pague o valor correspondente a ida e volta – não oficialmente, é claro. Quando adquiridos em conjunto, a companhia sabe que terá o passageiro em um voo de regresso. Assim, não precisa "explorar" tanto o viajante.

Como a melhor maneira de comprar as passagens seria ida e volta, passei alguns meses pesquisando informações sobre as companhias aéreas que contavam com voos de São Paulo a Madrid. As opções são variadas. O que difere muito, em sua grande maioria, é o valor. Neste quesito, a Air China pareceu para mim como uma boa opção, em especial quando surgiu, no início do mês de setembro, uma queda em seus preços, o que me fez adquirir as passagens quase que instantaneamente.

No meu caso, especificamente, não pude adquirir as passagens para cidades diferentes – ida e volta – e também não haviam muitas opções de datas. Não sei qual a situação hoje mas, na época, a Air China possuía apenas dois voos semanais para São Paulo. Ambos saindo de Madrid. Ou seja, embora fosse economizar com o custo das passagens, teria que me deslocar do último destino para Madrid, antes de voltar ao Brasil. Para mim funcionou! A economia foi maior, mesmo sendo necessária a aquisição uma passagem extra, saindo de Londres com destino a Madrid. É como diz a expressão: cada caso é um caso.

1º DIA

28 DE DEZEMBRO DE 2017

Chegar à área de embarque no terminal 3 do Aeroporto Internacional de Guarulhos foi o menor dos problemas. Ou melhor, não foi problema algum! Passar pelo balcão de check-in da Air China, pela segurança do aeroporto, caminhar muito até localizar o portão de embarque, foi a tarefa fácil. O difícil foi aguardar, por mais de duas horas, o momento de entrar no avião.

Permanecer sentado, sem ter o que fazer, por todo esse período, faz a gente pensar em muitas coisas. Por exemplo: o que eu estou fazendo aqui? Foi o primeiro questionamento que fiz a mim mesmo. Enfrentar uma viagem que duraria dez horas, com um destino incerto – apesar de saber para onde iria – era o que eu realmente desejava? Não estava preocupado com a viagem, não senti medo, mas estava totalmente inseguro. Era um sentimento que me consumia por dentro.

Me lembro que essa incerteza começou na semana anterior. Cheguei até a cogitar a ideia de desistir da viagem, desistir de tudo, por mais de uma vez! E o sentimento se intensificou quando a fila para o embarque começou a se formar em frente ao portão. Mas então comecei a pensar nas pessoas que decepcionaria caso desistisse, das quais recebi muito apoio para chegar onde cheguei. E o mais importante: o quanto eu ficaria desapontado comigo mesmo. Iria jogar fora tanto de pesquisa? E o dinheiro já gasto, que não teria retorno? Foi então que pensei: se irei me arrepender, que seja por ter saído do Brasil, e não por ter desistido de ir. Acho que foi a partir desse dia que comecei a aplicar essa ideia em tudo na minha vida: se é para me arrepender, que seja por algo que fiz!

E foi com essa coragem que caminhei para uma das filas, passei pelo portão, atravessei o longo corredor – acho que, para mim, pareceu maior do que realmente era – e encontrei a tripulação do voo recepcionando os passageiros na entrada do avião, se comunicando apenas em mandarim e, quando percebiam que o passageiro não era chinês, arriscavam um inglês. Eu sei que a companhia é da China, mas um português básico não faria mal a ninguém... Ou então espanhol, já que o voo tem como destino Madrid. Mas não!

Ao entrar na aeronave, um novíssimo Boeing 787, fui em direção ao fundo do avião, buscando encontrar o local que passaria as próximas dez (e intermináveis) horas. Lá estava, poltrona 50 A. Optei por janela na expectativa de dormir durante todo o voo – ou o tempo que conseguisse. Nas duas poltronas ao lado já havia um casal acomodado. Uma senhorinha muito simpática ficou ao meu lado, junto de seu marido na poltrona do corredor. O voo partiu alguns minutos depois.

Nada de muito relevante ocorreu durante o voo. Qualquer pessoa que já tenha passado pela experiência sabe como é uma viagem de avião. Claro que, se tratando de Air China, surpresas poderiam surgir. A tripulação, por exemplo, é extremamente ríspida. Se comunicam apenas para saber o que o passageiro deseja. É uma coisa ou outra. Ponto. Não tem muita conversa. Durante o voo, até mesmo um copo d'água que alguém quiser, é necessário ir até a cozinha do avião. Os comissários entregam bebidas no assento somente durante as refeições. Ah é! Quase ia me esquecendo: as refeições...

Companhia aérea chinesa, tripulação chinesa, hábitos chineses. Com as refeições não poderia ser diferente. Alimentos estranhos ao paladar brasileiro eram servidos durante as refeições. "Chicken or fish?". Cuidado! Uma simples pergunta que, respondida de forma errada, pode colocar você em uma tremenda enrascada. Os costumes chineses são um pouco distintos, então é comum pedir "fish" e receber um belo polvo cozido. Além, é claro, do macarrão, consumido a qualquer momento. Não importa se é hora do jantar, café da manhã, ou durante a madrugada. O cheiro dos "noodles" era sentido a toda hora. Como soube de tudo isso antes de embarcar, solicitei refeição especial para não correr o risco de ser obrigado a fazer um jejum de dez horas. No próprio site da companhia, após a compra das passagens, são oferecidos serviços extras aos passageiros, como reserva de poltronas e escolha de refeições especiais. Esta última já está inclusa no valor da passagem, cabendo ao passageiro optar por um dos tipos disponíveis. Vantagens: você sabe o que irão servir e será o primeiro a receber, pois sua bandeja estará pronta e com a numeração de seu assento.

Depois do jantar consegui dormir, porém não muito, sempre despertava. Foi, na verdade, um cochilo seguido de outro. E assim foi até o momento em que o café da manhã foi servido, cerca de uma hora antes de pousar em território espanhol. A partir desse momento a ansiedade ressurgiu. Estava sobrevoando a Espanha, cada vez mais próximo de Madrid, prestes a iniciar uma nova aventura.

Quanto mais próximo do chão, maior era a ansiedade. Olhando através da janela, não era possível ver muitas coisas. Foi um voo noturno, aliado ao fato de ser inverno, então ainda estava muito escuro, embora quase 7 horas da manhã. Era possível perceber apenas as luzes da cidade, aumentando de intensidade conforme o avião diminua sua altitude, até o momento de pousar na pista do aeroporto.

E enquanto escrevo isso, um filme passa em minha cabeça. Me lembro de cada momento que antecedeu a minha chegada, as pesquisas sobre a cidade, e é como se uma trilha sonora tocasse junto. Para cada viagem preparo uma lista de músicas. A verdade é que, durante a viagem, não ouço muito. Mas a utilizo bastante enquanto preparo o roteiro. Os anos se passaram, mas até hoje eu ouço algumas das músicas e consigo me lembrar claramente do momento em que estava na frente do computador pesquisando tudo à respeito do lugar.

Selecionei algumas para que você também saiba o que eu ouvia naquela época. Sem julgamentos, por favor! E não deixe de fazer a sua playlist na próxima viagem!

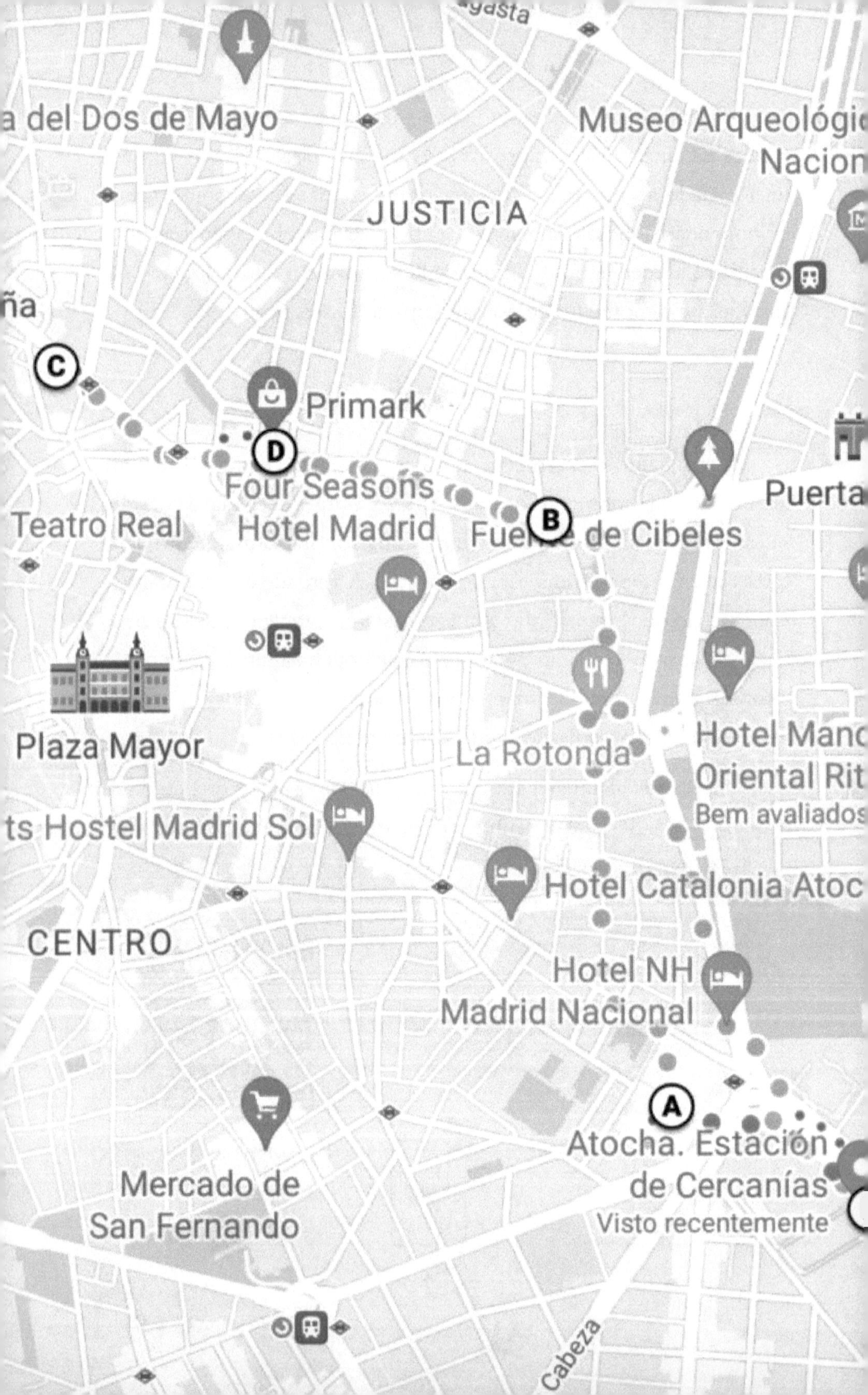

a del Dos de Mayo
Museo Arqueológic
Nacion
JUSTICIA
C
Primark
D
Four Seasons
Teatro Real
Hotel Madrid
Fuente de Cibeles
B
Puerta
Plaza Mayor
La Rotonda
Hotel Man
Oriental Rit
Bem avaliados
ts Hostel Madrid Sol
Hotel Catalonia Atoc
Hotel NH
Madrid Nacional
CENTRO
A
Atocha. Estación
de Cercanías
Visto recentemente
Mercado de
San Fernando
Cabeza

2º DIA

29 DE DEZEMBRO DE 2017

Do momento em que o avião, definitivamente, parou de taxiar pela pista, ainda foi necessário aguardar cerca de 30 minutos até os passageiros começarem a sair. Ao menos para mim, que estava bem no fundo da aeronave, se passaram 30 minutos. Talvez para as pessoas mais próximas à saída a espera tenha durado menos. Neste meio tempo fiquei pensando que, de uma forma geral, havia me surpreendido, positivamente, com o andamento da viagem. Foi um voo extremamente tranquilo. Ainda estava vivo – o mais importante – e prestes a conhecer meu primeiro destino!

Ao passar pela porta do avião, com a tripulação agradecendo e se despedindo, novamente em inglês, segui o corredor de acesso ao terminal. Somente ao final me deparei com a realidade: inúmeras placas com informações descritas em espanhol e inglês. Absolutamente nada em português. De fato, não estava mais no Brasil. Fui corajoso o bastante para atravessar o Atlântico. Após essa primeira impressão, o frio na barriga aumentou consideravelmente.

Não me preocupei muito em seguir o longo corredor de saída lendo as placas. Como estava muito ao fundo, com dezenas de pessoas a minha frente, apenas segui o fluxo, pois sabia que todas estavam caminhando para o mesmo local que eu, isto é, ao controle de segurança do aeroporto, comumente conhecido por "imigração". Não tardou muito, após descer um pequeno lance de escadas, lá estava: a temida imigração espanhola do aeroporto de Barajas. Durante o meu processo de estudo para a viagem, encontrei inúmeras informações a respeito dessa imigração. Diversos casos de recusa da entrada dos imigrantes brasileiros. Por esse motivo, me preparei ao máximo para o que viesse. Já estava aguardando horas de interrogatório pois, infelizmente, para a segurança espanhola – e de muitos outros países – eu fazia parte de um grupo de "risco": homem, jovem – 25 anos – e viajando sozinho. Chances altíssimas de desejar entrar em território europeu e não sair mais, viver na ilegalidade. Claro que nunca foi minha intenção, mas como eles iriam saber?

Por sorte, devido ao horário do voo, não tinham outras chegadas naquele momento. As filas para a entrevista com os oficiais estavam rápidas e, relativamente, curtas. Ainda mais pelo fato de dividirem os passageiros: cidadão europeu para um lado e estrangeiros para o outro. A espera não durou cinco minutos. Foi extremamente rápido! E havia chegado minha vez.

— Qual o motivo da viagem? – Pergunta o oficial.

— Férias. – Eu respondo meio receoso.

— Quantos dias?

— Trinta e quatro dias. – No desespero, só depois percebi que, para ele, importava apenas o tempo que ficaria em seu país. Não era necessário mencionar todo o período da viagem. Mas já era tarde!

— Roteiro. – Sem fazer nenhuma outra pergunta, apenas solicitou o roteiro que, por sorte, estava impresso em minhas mãos, junto

com endereço de todos os hotéis reservados e passagens de trem e avião já compradas. Um pequeno "caderno" com cerca de 15 folhas.

— Está em português. – Eu informei. Como resposta, ele apenas acenou com a cabeça, indicando que não havia problema.

O oficial examinou folha por folha. Por um momento, realmente tive a impressão de que ele estava lendo as informações do roteiro. Nunca saberei a verdade... Minutos depois me devolveu os papeis, sem questionar mais nada. Com o meu passaporte em mãos, apenas carimbou e me devolveu, seguido de um "Bienvenido".

Que sensação maravilhosa! Ao mesmo tempo em que fiquei extasiado pensei: é só isso? Tanto preparo para trocar meia dúzia de palavras? Pois é. Fácil. Até imaginei que, mais à frente, pudesse existir alguma outra barreira, mas não havia. Realmente era apenas aquilo. Na verdade, o difícil ainda estaria por vir, mal eu sabia...

Continuando o caminho em direção à saída, logo a frente estava a área para retirada de bagagens, da qual me livrei rapidamente, já que não havia despachado nenhuma mala no check-in. Apesar de sair do Brasil para passar mais de um mês fora, fui apenas com a roupa do corpo – praticamente. Não seria muito viável comprar roupas no Brasil para usar durante o inverno europeu. Então, estava somente com a bagagem de mão.

Saindo da área de desembarque, iniciou o primeiro problema. Na verdade, não era exatamente um problema, mas sim uma das primeiras dificuldades. Os voos da Air China chegam à Madrid pelo Terminal 1 do aeroporto. Como eu faria o trajeto até o centro da cidade utilizando transporte público, nesse caso o trem, era necessário que eu me dirigisse ao terminal 4, o único que está interligado à estação. Para tanto, deveria encontrar o ônibus que o aeroporto disponibiliza para ir de um terminal ao outro – conhecido por "transfer".

Fui para a área externa por meio da primeira saída que encontrei, em busca do tal ônibus. Além de muito frio – ainda estava escuro e a temperatura por volta dos 6°C – encontrei apenas um pátio com muitos carros. O lugar estava deserto. Percorri de um lado ao outro várias vezes, passando alguns minutos procurando algo que se assemelhasse a uma parada de ônibus. Percebi, com o tempo, que todas as placas que mostravam o desenho do ônibus indicavam uma seta para dentro do terminal. As placas de dentro, no entanto, indicavam setas para fora. Não houve outro jeito! Seria necessário buscar, pela primeira vez, informações com um desconhecido.

Me dirigi ao único balcão de informações disponível. Perguntei a uma atendente – fazendo o possível para ser compreendido – para qual direção ficava o ônibus e ela me informou que eu deveria seguir para a saída do piso superior. Foi quando eu entendi as placas. Elas mostravam setas com dois sentidos: para cima e à esquerda. Era exatamente o caminho que deveria fazer.

Em frente a saída, desta vez com algum movimento de pessoas, estava a parada do transfer, já com um ônibus aguardando. Entrei, encostei a mala em qualquer lugar e, logo em seguida, o ônibus partiu. Foi uma viagem rápida, cerca de 10 minutos, passando pelos terminais 2, 3 e finalizando o percurso no 4, onde desci e entrei no terminal.

A primeira coisa que precisava fazer, antes de procurar o trem, era encontrar alguma loja que vendesse chip para celular. Como passaria a maior parte do tempo na rua, internet seria necessário. Encontrei uma loja, adquiri um chip e pronto! Estava preparado para continuar com a viagem.

Seguindo as placas, cheguei à estação de trem, localizada no piso inferior ao que estava. Para ter acesso ao trem, primeiro precisava conseguir o ticket da passagem. Na porta da estação existem várias máqui-

nas de autoatendimento da Renfe, que é uma das empresas que administram o transporte ferroviário no país. Já havia pesquisado sobre os diferentes tipos de tickets disponíveis, que são muitos, especialmente por serem vendidos de acordo com o trajeto que será realizado, isto é, se eu for para uma estação próxima, o valor será um, caso a estação seja mais distante, o valor será outro. Foi um verdadeiro curso intensivo para compreender o funcionamento dos trens na Espanha! Ainda assim, ao acessar uma das máquinas não encontrei a opção desejada, que seria o bilhete de 10 viagens para quatro zonas. Me senti ligeiramente frustrado com a situação. Perdi alguns minutos lendo cada palavra que surgia no visor, então decidi descansar por um momento.

Me sentei em um banco próximo ao local e aproveitei a oportunidade para colocar o novo chip no celular, assim eu poderia pesquisar novamente sobre a forma de se obter o ticket da passagem. Após o chip devidamente instalado, postei uma mensagem no Facebook indicando que havia chegado à Madrid – hoje seria um Story do Instagram. Comecei, então, a buscar informações sobre as máquinas de autoatendimento no próprio site da Renfe. Alguma coisa não se encaixava ou eu que havia me esquecido.

Diferentemente do que havia encontrado antes, as informações do site indicavam que eu deveria selecionar a estação de destino. Voltei a uma das máquinas e, de fato, constava esta opção. Selecionei a estação de La Serna, região na qual ficaria hospedado pelos próximos dias. O sistema logo reconhece a distância entre a estação de origem e destino, calculando o valor final sem a necessidade de o usuário escolher uma das zonas, o que facilita o processo. Rapidamente surge na tela a solicitação de pagamento, eu insiro o cartão e a máquina o "engole". Fiquei sem reação na hora. Primeiro dia e já ficaria sem o cartão? Entenda: naquela época, eu era do tipo de pessoa que não utilizava caixa automático de banco, ou algo parecido. Era tudo uma grande novidade! Foi quando a senha foi solicitada. Digitei meio receoso e aguardei. A compra havia sido concluída com sucesso! A máquina devolveu meu cartão por um lado e, pelo outro, emitiu um cartão de papel, +Renfe & Tu, o meu vale transporte para os cinco dias em Madrid. Aliviado, deixei a máquina e segui para a plataforma.

Sem mais delongas, apenas confirmei por meio das placas em qual trem deveria entrar, ou melhor, qual o sentido, e embarquei. Para chegar ao hotel, seriam necessários dois trens. O primeiro, no qual estava, me levaria até a estação de Atocha, centro de Madrid, e o segundo me deixaria no destino final, La Serna. No entanto, como a chegada à Madrid ocorrera nas primeiras horas da manhã, já havia me planejado para aproveitar o dia na cidade e apenas ao final da tarde seguir para o hotel.

A viagem entre o Terminal 4 do aeroporto e a estação de Atocha durou cerca de 20 minutos. Na estação, procurei o guarda-volumes para deixar a mala em um dos seus armários. Após guardá-la, abandonei o lugar e fui para a rua. Sensações inexplicáveis tomaram conta de mim no instante em que comecei a caminhar pelo centro de Madrid. É extremamente curioso passar por localidades que, alguns meses antes, buscava informações e apreciava imagens utilizando o Google Maps. Agora era um novo olhar, novas emoções, não mais o desejo de estar, mas sim a felicidade por conhecer.

Seguindo o roteiro, a primeira parada seria o Museo Reina Sofia – Museu Rainha Sofia. Por sorte o local ainda estava vazio, pois a entrada é permitida apenas a partir das 10 horas e, a esta altura, não era muito além disso. Paguei pelo ingresso e entrei no museu.

Para o primeiro programa cultural da viagem, a escolha foi excelente! O Museu Nacional Centro de Arte Reina Sofia é considerado

como um dos mais importantes museus de arte moderna da Espanha. Não sou um entusiasta das grandes artes – ou talvez seja agora – então é complicado explicar, com palavras, as obras que apreciei. Foram muitas! Dentre quadros, esculturas e grandes instalações. Sem dúvida, a obra que mais chama a atenção é o painel Guernica, de Pablo Picasso. Já a conhecia e fiquei encantado por poder admirar os detalhes que não são perceptíveis em fotos da obra. Cerca de duas horas mais tarde, após percorrer todos os corredores, deixei o museu.

Segui andando pelas ruas, conhecendo a localidade. O tempo estava agradável, com sol, céu limpo e temperatura amena – 12°C. Percorri um longo caminho até chegar à Gran Vía, avenida mais conhecida de Madrid e um grande centro comercial, com restaurantes, lojas de moda, cinemas e teatros. Um deles, o Teatro Lope de Vega, era mais um ponto de parada.

Ainda no Brasil, durante a pesquisa dos lugares que desejava conhecer, descobri que nesse teatro estava em cartaz o musical O Rei Leão. Quando ele esteve em São Paulo, infelizmente não tive a oportunidade de ir – por oportunidade leia-se dinheiro. Então pensei que esta seria a ocasião perfeita! Adquiri um ingresso online para assistir ao espetáculo no dia 30 de dezembro. Como já estava na Gran Vía, fui a bilheteria do teatro para retirar o ingresso, já que o espetáculo ocorreria no dia seguinte.

Com o bilhete em mãos, e a felicidade estampara na face, voltei alguns metros na avenida para entrar na famosa loja Primark, muito conhecida pela Europa devido aos preços baixíssimos. Foi nessa loja que comprei a maior parte das roupas que utilizei durante a viagem.

Continuei na avenida, dessa vez uma grande descida que me deixaria próximo à estação de Atocha. Nesse longo percurso, aproximadamente 2 km, foi possível notar a grande quantidade de pessoas que circulava por ali. Logo imaginei como estaria o lugar dois dias depois, durante a virada do ano.

Cheguei à estação e retirei minha mala do guarda-volumes, acreditando ser a última vez que passaria por ele – estava enganado, pois ainda cometeria um erro no último dia na cidade. Fui à plataforma e aguardei, por poucos minutos, o trem com destino a La Serna. Este seria, basicamente, meu trajeto diário, pois todos os pontos turísticos da cidade estariam no centro, e o hotel no qual me hospedaria ficava mais afastado. Uma viagem curta, de 35 minutos. É claro que, por se tratar da primeira, aparentou durar muito mais tempo.

Da estação de La Serna até o hotel foram mais 1,5 km de caminhada. Já havia observado o trajeto inúmeras vezes pelo mapa, o que me fez percorrê-lo sem o auxílio do celular. Na recepção do Hotel Avenida de España, onde permaneci durante cinco noites, não encontrei problema algum, assim como nos demais hotéis durante a viagem. Como as reservas já estavam pagas, apenas apresentei o passaporte e pude ir ao quarto.

Finalmente, uma cama! Ainda estava um pouco confuso com o novo horário e extremamente cansado. Pouco mais de uma hora depois já estava com tudo organizado e pronto para dormir e recarregar as energias para o dia seguinte.

3º DIA

30 DE DEZEMBRO DE 2017

O início do segundo dia em Madrid não foi um dos melhores. Acordei por volta das 6 horas, sentindo uma forte dor de cabeça, um

pouco enjoado e ainda muito cansado. Parece que os resultados indesejáveis da viagem do dia anterior haviam surgido apenas agora. Não consegui fazer muita coisa, pois ao me levantar da cama senti a cabeça girar. Busquei na mala meu "kit socorro" – uma bolsa com vários remédios. Tomei alguns comprimidos e voltei a dormir, com a triste sensação de que o dia não seria bem aproveitado.

Quando acordei novamente já passava das 9 horas e as dores haviam diminuído. Me levantei, sentia que estava melhor. Abri as cortinas e vi que fazia sol. Seria outro dia agradável. Comecei a me organizar para seguir o roteiro preparado, o que não demorou muito.

Fiz o download do mapa no celular, fui até o restaurante do hotel para tomar o café e logo estava caminhando pela rua. No percurso que fiz até a estação de trem, pude conhecer melhor os arredores. Era um lugar muito bonito, limpo e bem organizado, com diversos comércios para os moradores, escolas, shopping, tudo muito acessível. Um excelente lugar para se viver – quem sabe um dia. Cheguei a estação e logo estava dentro de um dos trens.

Algo que não havia percebido no dia anterior é a existência de botões, dentro e fora dos trens, localizados nas portas, que servem para abri-las. Não basta o trem parar na estação desejada, é necessário apertar o botão para entrar ou sair. Com o tempo fui percebendo se tratar de algo bastante comum nos trens e metrôs das cidades europeias. Saindo do trem, na estação de Atocha, meu destino seria a grande praça Puerta del Sol. Comecei a caminhar, passando por trajetos que já conhecia, enquanto tentava olhar no mapa do celular a direção que deveria tomar. Porém, não estava num dia muito bom. Algo conspirava para que tudo desse errado, desde o momento em que acordei – perrengues de viagem.

Museo Arqueológic
Nacion
JUSTICIA
B
Primark
C
Four Seasons
Hotel Madrid
Puerta
Teatro Real
Fuente de Cibeles
A
Plaza Mayor
La Rotonda
Hotel Man
Oriental Rit
Bem avaliados
s Hostel Madrid Sol
Hotel Catalonia Atoch
CENTRO
Hotel NH
Madrid Nacional
Atocha. Estación
de Cercanías
Visto recentemente
Mercado de
San Fernando
María de la Cabeza

Preciso dizer que, nessa época, não era muito adepto de certos recursos tecnológicos – quem bem me conhece sabe. Fui extremamente resistente ao uso de celular, redes sociais etc. As mudanças começaram quando fui para um cargo de gestão no meu trabalho, onde o uso constante do celular não era opcional. Depois disso, uma coisa foi levando a outra...

Descobri algumas funções úteis no celular durante essa viagem, mesmo o possuindo já há algum tempo. Antes de viajar, preocupado com documentos importantes que levava na memória do celular, coloquei uma senha para poder acessá-lo, aquela famosa senha de "desenho" disponível no sistema Android. Foi o maior erro que cometi e já irei explicar o porquê. Seria muito mais fácil se o aparelho fosse mais moderno, com reconhecimento facial ou, até mesmo, biometria. Enfim...

Tentando acessar o mapa no celular, percebi que havia algum problema na tela, pois tentava, de todas as maneiras possíveis, desenhar a senha e a resposta era sempre a mesma: senha incorreta. Por um momento parei de caminhar, pois já estava num lugar desconhecido e senti medo de ficar perdido. Meia hora depois comecei a perceber uns olhares de desconfiança. Antes que acontecesse algo desagradável, voltei pelo caminho que já havia feito, ainda na tentativa – frustrada – de acessar o mapa.

Resolvi, então, parar para comer algo. Com sorte, depois que eu me acalmasse poderia tentar desvendar o mistério. Assim que me sentei em uma das mesas de um restaurante, desliguei o celular, algo que ainda não havia tentado. Ao religá-lo, surge o segundo problema: insira o PIN do cartão SIM. Quando instalei o novo chip no celular, o PIN também foi solicitado. Era um número, de quatro dígitos, que constava no cartão do chip. Tentei recordar do lugar em que havia guardado o cartão e lembrei: na mala. Quando que iria imaginar que aquele "numerozinho" teria tamanha importância? Não tinha o que fazer. Deveria voltar ao hotel, colocar o PIN no celular e pesquisar na internet, utilizando o notebook, alguma maneira de acessar o conteúdo do celular. Confesso que, a essa altura, nem pensei em tentar desvendar a senha novamente, retirando o chip do celular.

No caminho de volta ao hotel percebi que, com essa "brincadeira", já havia perdido várias horas. Não conseguiria cumprir o roteiro programado. No máximo poderia salvar a noite, indo ao espetáculo O Rei Leão, pois o ingresso já estava comprado há vários meses – e não foi barato!

Já no quarto do hotel, localizei o cartão com o PIN, digitei no celular e, novamente, foi solicitada a senha do aparelho. Liguei o notebook e comecei a buscar algo que pudesse me ajudar. Mais uma vez, como se as tentativas anteriores não fossem o suficiente, peguei o celular e "desenhei" a senha. Foi quando percebi que estava colocando o desenho de um dos pontos de forma errada. Quando fiz do jeito certo, o aparelho foi liberado. As minhas reações foram diversas: não sabia se ria, chorava, xingava... Foi difícil! Mas não havia muito tempo para me lamentar. A primeira coisa que fiz, para evitar que isso ocorresse novamente, foi retirar a senha do celular, ainda que com medo de me arrepender depois. Abri o Google Maps para descobrir a maneira mais rápida de se chegar ao teatro e, para minha surpresa, uma das sugestões era ir de trem, saindo de Atocha para Puerta del Sol. Eu não fazia a menor ideia de que também havia uma estação por lá. Como a minha intenção era realizar os trajetos caminhando, para conhecer melhor a cidade, não pesquisei a respeito.

Saí, mais uma vez, para pegar o trem. Já estava cansado, meio sem graça, com vergonha de mim mesmo. Mas não desisti! Cheguei em

Atocha e peguei o segundo trem. Em cinco minutos já estava em Puerta del Sol. O lugar estava repleto de pessoas! Quase não era possível caminhar. Olhei o mapa no celular, dessa vez sem problemas, e caminhei em direção ao teatro, andando o mais rápido que podia. Faltavam apenas 20 minutos para o início do espetáculo.

Um quilômetro depois estava no local, apresentando o ingresso e entrando no teatro. As pernas doíam, mas estava lá, ao menos havia chegado. Ainda consegui comprar pipoca e refrigerante – guardo, até hoje, o balde e o copo que viajaram comigo pela Europa. Atravessei as portas para encontrar meu assento e... Mais um problema! Faltavam menos de 5 minutos para o início do musical. Com isso, os lugares estavam, praticamente, todos ocupados. Meu assento era o de número 2, na fileira 16, bem no meio de umas 40 pessoas. Para chegar até lá, deveria passar por metade disso. O espaço entre as fileiras era bastante apertado, mas a maior parte das pessoas se levantava, gentilmente, para alguém poder passar. Infelizmente não eram todos. Passei por uma senhora que, definitivamente, queria colaborar com o dia ruim que estava tendo. A mulher recusou-se a levantar. Seus joelhos estavam grudados no assento da frente. Enquanto que, atrás de mim, mais duas pessoas desejavam passar, e ainda tinham outras em pé, aguardando todos passarem para que pudessem sentar novamente. Não houve outra alternativa, precisei "pular" sobre as pernas da senhora. E ela ainda reclamou um pouco. Fiquei tranquilo, especialmente quando notei os olhares de reprovação das outras pessoas quanto sua atitude. Estava, finalmente, sentado e aguardando o início do espetáculo. Isso sim era o mais importante! Até o momento em que as luzes se apagaram e o "show" começou.

Indescritível! Inexplicável! Inigualável! São os adjetivos que me veem a mente agora para relatar o que vi. Foi mágico! Em 2011, quando a animação foi relançada nos cinemas, em versão 3D, eu assisti ao filme e foi como se o visse pela primeira vez. A adaptação feita para o musical é ainda mais fantástica! Uma nova versão para a mesma história. Com músicas inéditas, cenários perfeitos, efeitos sem igual... A maravilhosa apresentação dos atores ajuda a recriar a essência dos personagens originais de uma forma grandiosa. Foi incrível! Sem dúvida, um dos melhores programas de toda a viagem.

Após o encerramento, às 21 horas, mais uma vez precisei ir à Primark, para trocar uma roupa comprada no dia anterior. Ao sair da loja, como agora sabia da existência da estação de trem na Puerta del Sol, imaginei que seria melhor voltar para o hotel de lá, pois diminuiria o tempo de caminhada. Como já era tarde, preferi não ficar circulando sozinho por aquela região.

Tudo teria dado certo, caso não fosse um sábado à noite. Não sei se o fato de ser 30 de dezembro, ou por ser um final de semana, mas as ruas estavam lotadas! Eram tantas pessoas circulando que algumas ruas que levavam à Puerta del Sol estavam sendo fechadas, com acesso permitido apenas para os que estavam deixando a região. Eu, por outro lado, necessitava chegar até lá. Tarefa impossível! Fui de uma rua a outra e nada. Os policiais eram sempre inflexíveis. Não pode e pronto! No final, não tive outra escolha a não ser ir andando até a estação de Atocha. O que foi bom pois, do contrário, perderia meu tempo tentando chegar à Puerta del Sol, já que no dia seguinte descobri que a estação havia fechado às 20 horas, e que o mesmo ocorreria nos dias 31 de dezembro e 01 de janeiro – há males que vêm para o bem, não é mesmo!?

4º DIA

31 DE DEZEMBRO DE 2017

Sou apaixonado por parques de diversão. Perdi as contas de quantas vezes fui ao saudoso Playcenter – um parque fantástico que tínhamos na capital de São Paulo – e já estava com saudades desse tipo de passeio. Em Madrid existe o Parque Warner, que fica a uns 30 minutos do centro. Foi o roteiro do dia!

Na véspera, depois do teatro e de todas as tentativas de se chegar à estação, acabei indo dormir tarde. Resultado: acordei e insisti nos 5 minutos a mais de soneca. Nunca são só 5 minutos! Levantei atrasado e corri – quase literalmente – para o trem.

Algumas estações antes de Atocha está localizado um dos terminais de ônibus da cidade, Estación Sur de Méndez Álvaro. De lá, em pouco tempo chegaria ao parque. Estaria tudo perfeito se não fosse o meu atraso. Cheguei ao terminal às 10h28, e a saída do ônibus era 10h30. Apesar de já ter comprado a passagem do ônibus e o ingresso do parque pela internet – é um combo com a entrada mais transporte ida e volta – seria necessário trocar o voucher no guichê – já eram 10h29. Como não haviam filas, não levei muito tempo: entreguei o papel – sim, papel impresso, saí do Brasil com um pacote de sulfite na mala, com muitas reservas impressas – a moça, meio atrapalhada, bateu algumas teclas e me entregou a entrada do Pernalonga e os dois tickets do ônibus – e já eram 10h31.

Desci dois lances de escada, pulando os degraus e, ao mesmo tempo, olhando para os lados em busca da plataforma, e nada. Fui de um lado para o outro e não encontrava a tal porta que ela havia dito. De repente, enquanto seguia o corredor com passos firmes, ouço alguém

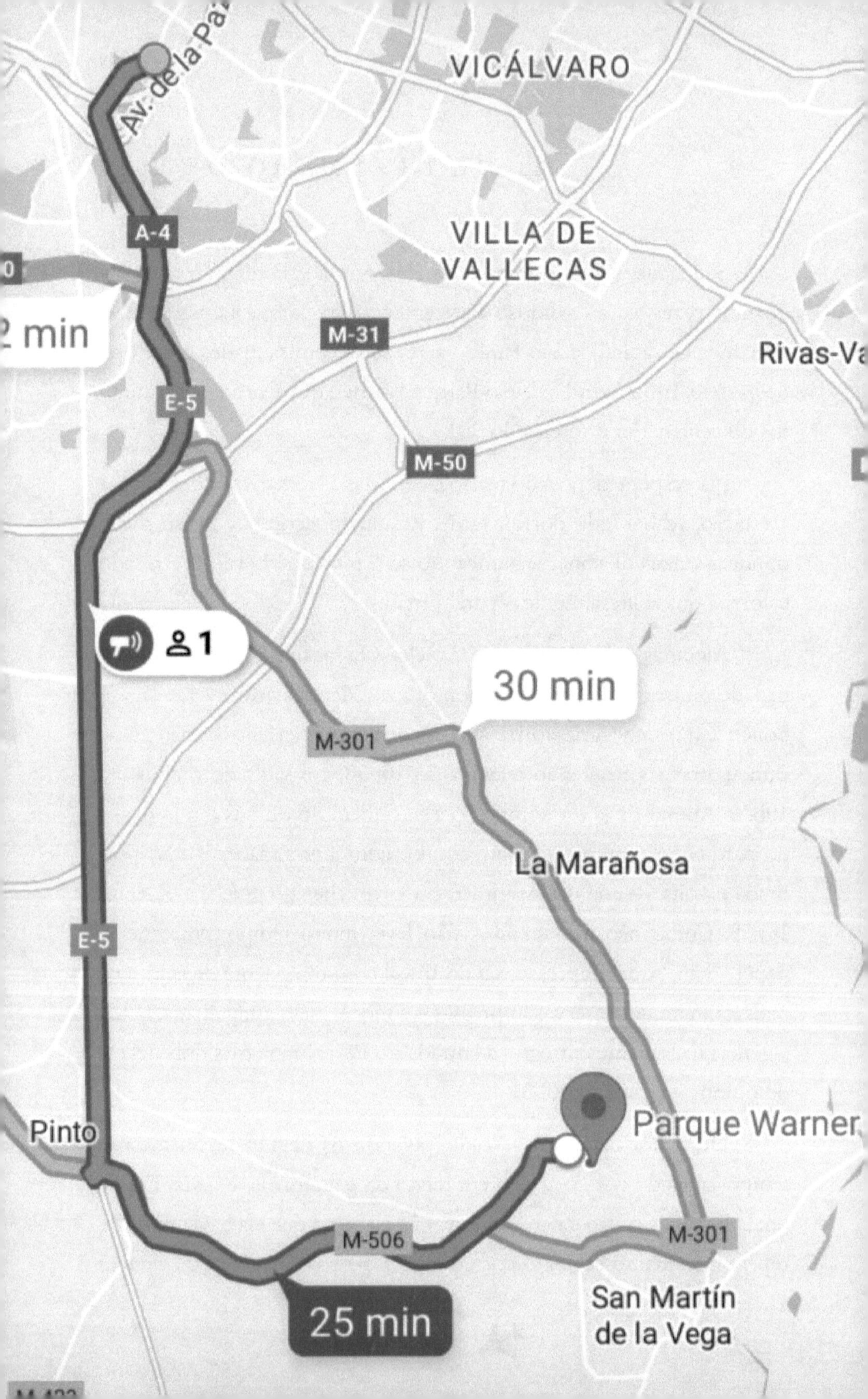

VICÁLVARO
VILLA DE
VALLECAS
Rivas-Va
2 min
M-31
M-50
Av. de la Paz
A-4
E-5
E-5
30 min
M-301
La Marañosa
Pinto
Parque Warner
M-506
M-301
25 min
San Martín
de la Vega

correndo em minha direção e gritando "senhor, senhor!". Olho para trás e está a moça do guichê, tentando me alcançar, usando uma saia que dificultava movimentos rápidos, deixando o celular pular da mão direto ao chão, e me indicando uma passagem do lado oposto da escada que havia descido.

Na porta ela passou seu crachá em um leitor de cartão – como ela queria que eu passasse sozinho, eu não sei – acenou para o motorista do ônibus, que já estava deixando a plataforma, e me "empurrou" para dentro do veículo. Foi lindo! Cena de filme... A melhor parte foi receber os olhares dos outros passageiros enquanto eu procurava a poltrona de número 4, indicada na passagem, sem perceber que não haviam números. Sentei no primeiro assento vazio que encontrei e encarei a janela, para evitar maiores constrangimentos.

Quando cheguei no parque apenas fiz o possível para esquecer os acontecimentos e, minutos depois, após liberarem a entrada, corri para a primeira montanha russa que encontrei – uma tradição para começar o dia "bem acordado".

Foi uma experiência bastante proveitosa! Talvez por ser o último dia do ano, o lugar estava com pouco movimento. Então consegui caminhar com calma, ir em todas as atrações que estavam abertas, assistir aos shows do Batman, da Academia de Polícia e, ao final do dia, uma parada com todos os personagens da Warner e DC. Confesso que foi um pouco estranho estar, pela primeira vez, sozinho em um lugar como esse. Todas as idas ao Playcenter foram acompanhadas por colegas de escola, em grupos de 6, 7 ou 8 pessoas. Sinto saudades dessa época...

No final da tarde, depois da parada, saí do parque em direção ao ponto de ônibus e, para a minha surpresa, começou a chover. Mas não foi uma simples chuva. Foi algo descomunal – sem exageros. Quem diria que um dia lindo desses terminaria assim? E o ônibus só chegaria ali 30 minutos depois.

Banho tomado, calçado encharcado, com frio, entrei no ônibus e tentei não me preocupar. O que me salvou foi o casaco impermeável que estava usando – levei do Brasil e só descobri seu poder de impermeabilidade nesse dia. Cerca de uma hora e meia depois voltei ao hotel, esqueci do fato de ser 31 de dezembro e, simplesmente, apaguei.

Um fato curioso: foi nesse dia que fiz minha primeira selfie... Episódio bastante marcante em minha vida, ainda que seja visto como algo banal por 98% da população mundial nos dias de hoje – não sei se é essa a estatística, acabei de inventar. A baixa autoestima era algo tão presente em mim que fugia de fotografias. O que me tornei hoje teve início nessa viagem, quando cobrei, de mim mesmo, registros de todos os momentos fantásticos que estava vivendo. O Leonardo que saiu do Brasil em 2017 não foi o mesmo que retornou em 2018.

5º DIA
01 DE JANEIRO DE 2018

Feliz ano novo, Madrid!

Fala sério: imagine acordar dizendo essa frase... Ainda que seja apenas para si mesmo. Apesar de não ter saído para a rua na noite anterior, não ter visto a virada do ano na Puerta del Sol, não ter comido as doze uvas nas últimas doze badaladas – tradições espanholas – estava MUITO feliz! Mal sabia eu que, justamente nesse dia, iria acontecer algo que mudaria, completamente, o curso da viagem.

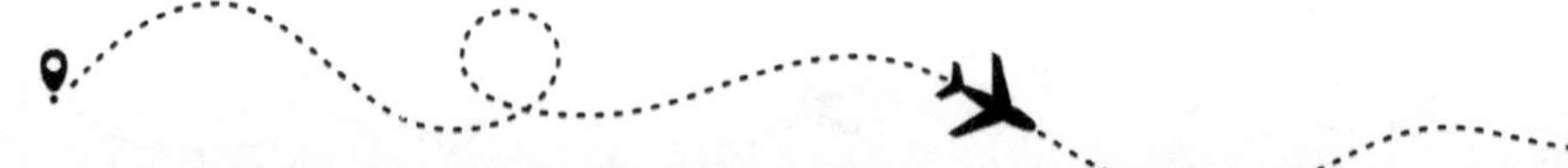

Acordei muito cedo – medo de me atrasar, talvez – e não consegui tomar café da manhã no hotel, já que o restaurante abriria mais tarde nesse dia. Então o jeito era ir para rua.

Roteiro do dia: bate e volta para Toledo, a primeira capital da Espanha. Cheguei na estação de Atocha, de onde saem os trens, faltando cerca de uma hora para o embarque. A primeira coisa que fiz foi entender o lugar que estava – apesar de passar por ali todos os dias, a área de trens locais é diferente da área dos trens de média e longa distância, de onde saem os trens que deixam Madrid. Encontrei a plataforma e fiquei mais tranquilo, porém com fome. Preciso confessar o seguinte – momento vergonha – estava longe de me sentir confortável para chegar em um restaurante, ou balcão de padaria, e pedir alguma coisa. E não se tratava de questões idiomáticas, mas sim da insegurança de conversar com outras pessoas – lembra o que disse sobre a baixa autoestima? Eu era assim na vida!

Sabendo dessa dificuldade, minha zona de conforto estava em saber que, em diversos lugares, sempre há opções prontas em prateleiras, geladeiras ou algo do tipo. Encontrei um lugar que tinha, em um expositor, algumas sacolas da Coca-Cola com combos de lanche – sanduíche, fruta, suco etc. Foi meu café da manhã nesse dia. Hoje, por outro lado, já grito o nome do garçom quando a bebida do copo acaba... As coisas mudam!

Faltando alguns minutos para o embarque – eu já aguardando em uma pequena fila – fomos direcionados ao que se assemelhava a área de segurança de um aeroporto. Bastante rígido, por sinal. Mais tarde entendi o motivo: em 2004 a cidade sofreu um atentado terrorista, com bombardeios em diferentes pontos ocorrendo simultaneamente. A estação de Atocha foi atingida por três bombas. Foram contabilizadas quase 200 mortes e mais de 2000 feridos. Após a tragédia foram implantadas maiores medidas de segurança.

Sinagoga de Santa
María La Blanca
H
Museo del Greco
G
CASCO
F
Toledo
Av. de la Re
C. Talavera d
Puerta de Bis
I
HOS
B
Santa Iglesia Catedral
Primada de Toledo
E
Plaza de Zocodover
D
O HOTEL TOLEDO
ojamiento en la...
Alcázar de Toledo
C
Mirador
y Moro
Mirador Parque
A
Puente de Azarquiel
As de Espadas
Bem avaliados
Militar
Alijares
Tol
Hostal Sa
Alto
Azuela

Estava ansioso para que a viagem começasse, já que essa seria minha primeira vez em um trem de alta velocidade. Pouco tempo após o embarque, no exato horário programado (até os minutos) o trem deixa a plataforma.

A viagem é muito rápida, cerca de 30 minutos, e a paisagem pelas janelas vai modificando, deixando a cidade para trás, dando lugar a regiões com poucas moradias, muito pasto e um rio que logo surgiu. Já estava a uma velocidade de quase 300 quilômetros por hora, mas não é possível perceber. Esses trens são bastante modernos, equipados, vendem algumas bebidas e snacks, e possuem até maleiros para os que viajam por mais tempo e com mais bagagem.

Ao desembarcar na estação de Toledo contamos com duas opções: ônibus turístico para ir direto ao centro histórico ou uma pequena caminhada até a Puente de Alcántara, que dá acesso à cidade murada. Fui andando, é claro! Um dia lindo começando, sem vento, céu limpo, e aquela paisagem de tirar o fôlego. Sensação de ter sido transportado para um filme com cenário na era medieval.

No celular já havia colocado os pontos de interesse, montando um percurso iniciando nesse ponto da ponte e finalizando do outro lado da cidade, onde encontraria uma estrada que me levaria de volta à estação. Todo esse percurso duraria cerca de 3 ou 4 horas.

Vielas, escadarias, ruas que sobem, outras que descem: um verdadeiro labirinto! Construções de pedras, tudo muito bem preservado. Lojinhas com itens medievais, como espadas e escudos, abrilhantavam ainda mais a experiência.

Como já era de se esperar, após muitos cliques e com a tela do celular ligada todo o tempo, já que necessitava do mapa, a bateria do aparelho acabou. Tudo bem, já havia planejado isso! O power bank estava carregado na mochila. E na tentativa de colocar o celular para carregar, ao mesmo tempo que caminhava e me preocupava com qual das ruas seguir na bifurcação, o aparelho desliza das minhas mãos. Mas não foi uma simples queda: cada parte do celular foi para um lado diferente – ainda era daqueles aparelhos com a tampa traseira removível. Até o chip encontrou uma maneira de voar!

A tela estava intacta – deve ser a primeira coisa que qualquer um, nessa situação, observa – reposicionei o chip e a tampa. Coloquei para carregar: tudo perfeito. Alguns minutos depois – e ainda vagando pelas ruas – o aparelho religou. Somente nesse momento parei de caminhar para observar a tela do celular que, apesar de mostrar o mapa que havia solicitado, não atualizava a região. Foi então que percebi: cadê a internet? É como se estivesse sem chip. Foi então que começou a saga do chip: desliga aparelho; tira chip; limpa chip; recoloca no lugar; liga aparelho; e nada. Depois de várias tentativas, frustrado com a situação – já estava até sentado em um banco de uma praça, com uma vista muito bonita para a parte baixa de Toledo – aproveitei o pouco do mapa que estava na tela para tentar me localizar e encontrar o rumo certo.

Um tempo depois cheguei a uma rua larga, com uma ponte a alguns metros de distância: estava próximo à estação de trem. Desse ponto em diante já seria possível me locomover sem a ajuda do mapa.

Dentro da pequena estação, cerca de trinta minutos depois, apenas sentei e aguardei o horário do trem. E ainda insisti em mais algumas tentativas com o chip, mas todas sem sucesso. A essa altura não conseguia deixar de pensar no que faria. Ainda me restava um mês inteiro de viagem. Se passasse por uma situação semelhante hoje, minha primeira ideia seria comprar um aparelho novo. Não que eu tenha recursos financeiros para me dar ao luxo de sair comprando celular por aí, mas seria a solução mais prática, ainda que a mais cara.

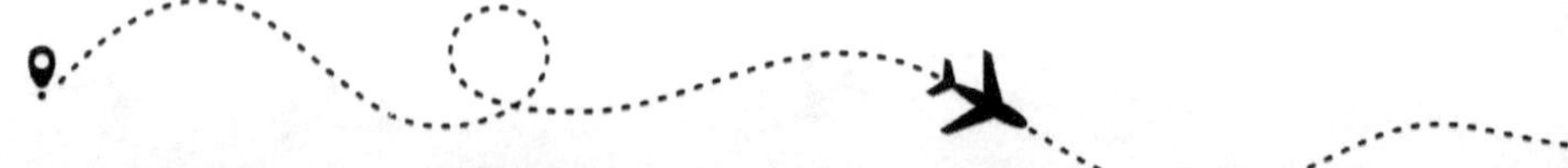

Fila se formando e, novamente, o detector de metais e toda a segurança antes encontrada em Atocha – pela mesma razão, é claro. O retorno a Madrid foi tão tranquilo quanto a viagem de ida.

6º DIA

02 DE JANEIRO DE 2018

Lembra que no primeiro dia da viagem não acordei muito bem e, por essa razão, perdi algumas horas da manhã? Aquelas horas me fizeram não conhecer alguns pontos da cidade. Por essa razão, precisei fazer o possível para encaixar tudo nesse dia, que seria o último. Na verdade, não era exatamente o último dia em Madrid, mas é como se fosse, porque esse seria o último dia inteiro, já que na manhã seguinte eu iria embora da cidade. Então, todos aqueles lugares que eu não consegui visitar no primeiro dia, eu quis visitar nesse último. Mas já existia um roteiro que eu havia programado para essa data, e juntando todos esses lugares com certeza eu não daria conta. Acabou se tornando o dia que eu mais andei na cidade – e caminhei muito...

Acordei e fui direto para a rua, sequer tomei café no hotel, fui logo para a estação. De La Serna a Atocha e, de lá, a Sol. Comecei pela Puerta del Sol porque agora já sabia que da estação de Atocha eu conseguia pegar um outro trem que me deixava na estação Sol, me permitindo caminhar menos, fazer o trajeto mais rápido e, principalmente, não me cansar. Já havia passado por ali a caminho do teatro, no segundo dia na cidade, mas foi durante a noite e não tive tempo para ver muita coisa.

O lugar é o ponto de encontro favorito entre os madrilenhos e turistas. Não é só o quilômetro zero da cidade, mas também a casa da

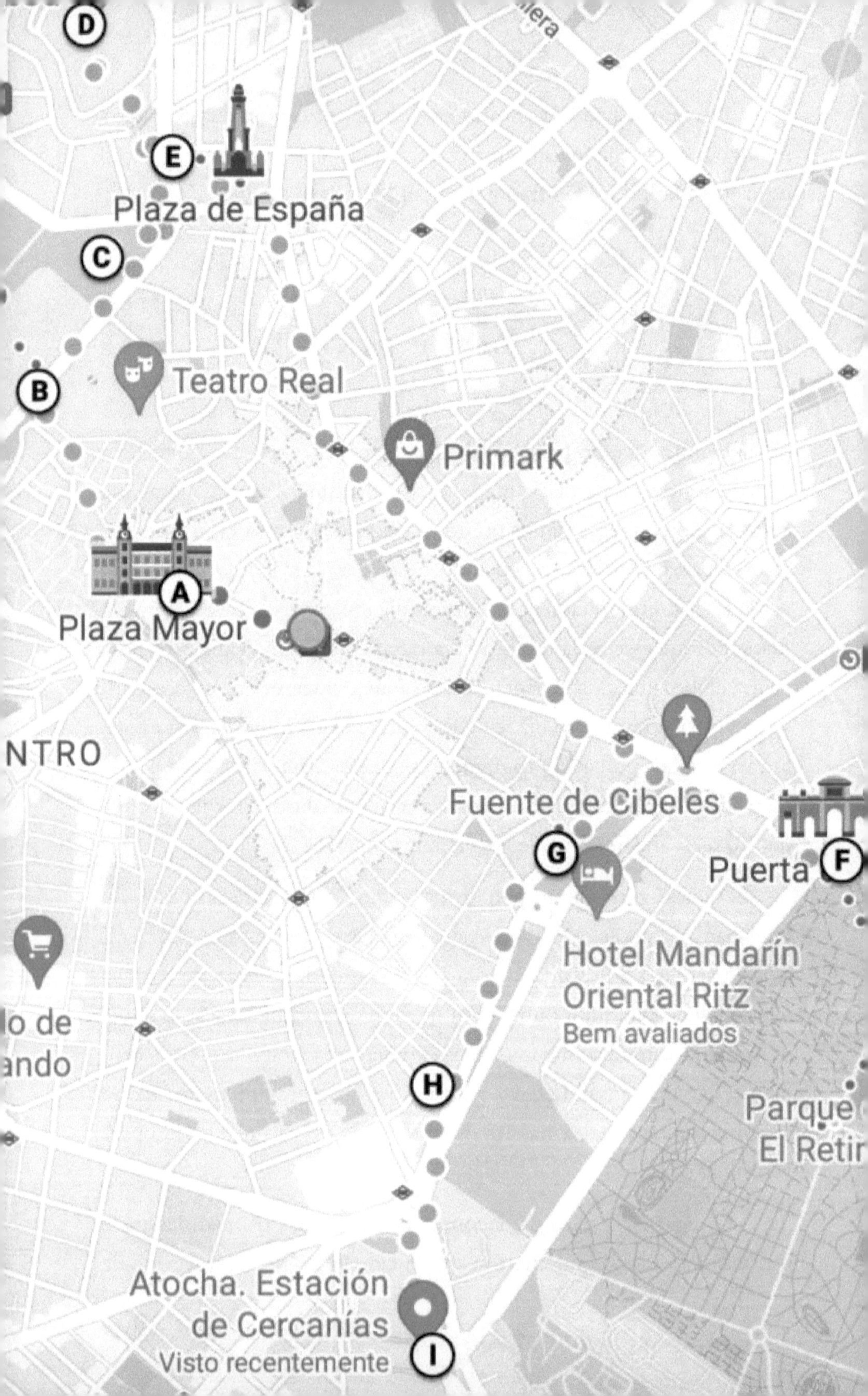

D
E
Plaza de España
C
B
Teatro Real
Primark
Plaza Mayor
A
NTRO
Fuente de Cibeles
G
Puerta
F
Hotel Mandarín
Oriental Ritz
Bem avaliados
lo de
ando
H
Parque
El Reti
Atocha. Estación
de Cercanías
Visto recentemente
I

estátua do Urso e do Medronheiro e a localização do relógio da Casa de Correios, de onde se emitem as doze badaladas na virada do ano novo. Fui caminhando em direção a Plaza Mayor – uns 300 metros de distância. É uma praça, mas não exatamente o estilo de praça que estamos acostumados a ver, com árvores, banquinhos e fonte. Nada disso. Se trata de um espaço retangular, cercado por uma construção de três andares, totalmente no estilo barroco, com belos portais que dão acesso ao seu interior.

Além de cartão postal, onde os grupos param para registrar sua visita em fotografias e vídeos, encontramos artistas fazendo pinturas, retratos, outros tocando algum tipo de instrumento. E no térreo das construções alguns cafés, restaurantes, lojinhas. Mais tarde descobri que até hotéis estão instalados nos andares superiores.

Seguindo pelas ruazinhas pitorescas daquela região, com o mapa no celular – o recurso que necessitava para conseguir me locomover sem me preocupar e evitar o 'perrengue' do dia anterior em Toledo – deixei a Plaza Mayor. Lembrando que estava sem internet no celular, sendo necessário, ainda no hotel, com o wi-fi, fazer o download do mapa daquela região de Madrid, coisa que já havia feito, mas que não tinha deixado no celular, pois não imaginei que ficaria off-line durante o dia, então dessa vez eu fiz do jeito certo. Saí caminhando por aquelas ruas, observando que suas construções vão mudando: de repente eu me deparo com uma rua onde tem as casas coloridas, que se transformam, ao longo de alguns metros, em construções de pedra, deixando as ruas mais estreitas que antes; ao olhar para cima, me deparo com uma decoração no meio da rua e, de repente, surge um varal com roupa estendida, de um extremo ao outro. E assim é aquela região de Madrid. É dessa maneira que a comunidade local vive.

Após percorrer todo esse trajeto, cheguei ao Palácio Real. Não entrei no Palácio e hoje acredito que talvez tenha sido um grande erro, porque no final do dia eu percebi que teria tempo. É bem verdade que, até então, eu não sabia que isso ocorreria. Então meu medo era perder um tempo considerável naquela fila – que não era uma fila pequena – entrar no Palácio e passar, não sei quanto tempo, fazendo seu roteiro de visitação. Simplesmente tive medo de fazer esse roteiro e não ter tempo para continuar e seguir para outros lugares que eu queria conhecer ainda naquele dia. Por essa razão optei por não fazer. Mas é um Palácio muito bonito, mesmo o apreciando só por fora, e a visitação pode ocorrer em todos os dias da semana.

Em frente ao Palácio está localizada a Catedral de Santa Maria a Real de Almudena, o edifício religioso mais importante de Madrid. A Catedral também conta com um roteiro pelo museu e pela cúpula, além de uma visita guiada pela Cripta.

Ao lado do Palácio está o seu jardim, chamado de Jardins de Sabatini. Um espaço verde de estilo neoclássico, e aberto para visitação, com fontes, esculturas, desenhos geométricos. Não é só muito bonito, como extremamente tranquilo também.

Nesse trecho não caminhei muito. Foi muito mais apreciação do que qualquer outra coisa. A essa altura já estava com fome, e a primeira mercearia que encontrei aberta eu entrei. Comprei um pacote de biscoito recheado e em um copo de uma bebida fria com café – não era exatamente café. Veja isso: café frio e biscoito recheado. Olha a comida do cidadão! Eu me alimentava muito mal nessa época. E era assim na vida, não apenas na viagem. Hoje tenho até vergonha de mencionar uma coisa dessas, mas tudo bem... Foi mais um aprendizado.

Continuei subindo a rua que, a essa altura, já era muito mais ampla, quase uma avenida, e com muito mais movimento devido aos pon-

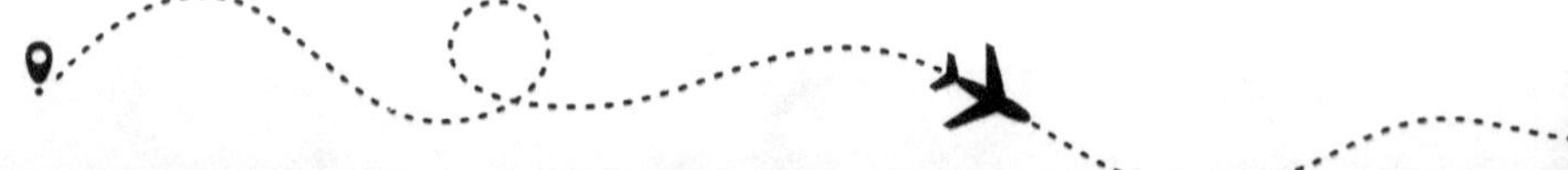

tos de interesse que existem ali. Alguns passos mais adiante, passando por dentro do parque La Montaña, uma situação inusitada.

Pouco antes de chegar ao Templo de Debod, fui abordado por um grupo com umas três ou quatro meninas, que estavam com uma prancheta e começaram uma conversa comigo, dizendo que elas estavam ali para arrecadar fundos para a construção de um hospital. Agora imagine uma situação dessa para um turista, que não conhece a região, não conhece o país, não conhece muita coisa. Não sabe como as coisas são feitas ali. Então um estranho te aborda com uma conversa dessas. Hoje eu consigo perceber como aquilo parecia totalmente errado. Como diz a expressão: eu caí no conto do vigário. Ou uma frase mais recente: o golpe tá aí, cai quem quer.

Pensei: então estão só arrecadando recursos para ajudar alguma causa. Tudo bem, vou ajudar logo para me livrar da situação. Coloquei a mão no bolso e peguei o que tinha, 2 euros ou 5 euros, alguma coisa assim. Então uma delas falou que não poderia ser aquele valor, enquanto apontava para o cabeçalho da folha na prancheta, onde informava que a "doação" mínima era de 10 euros. "Para uma doação tá exigindo muito, não é mesmo" – pensei. Já estava envolvido demais na situação! Não conseguiria voltar. Mesmo achando ruim eu peguei a carteira, tirei os 10 euros e entreguei para elas. Na folha uma delas preencheu com meu nome, país e o valor que eu tinha acabado de contribuir. Tudo muito errado! Não estavam com nenhum tipo de uniforme, ou com credencial. Era somente um grupo de meninas com uma prancheta e uma folha na mão, abordando as pessoas ali. Nunca vou saber com o que, de fato, estava "contribuindo".

Minutos depois cheguei ao Templo de Debod, que é uma das poucas estruturas egípcias inteiras que são encontradas fora do Egito. Sua história é a seguinte: foi construído por volta do ano de 185 a.C., passou vários anos submerso em Assuão, teve suas pedras desmontadas e transportadas para o porto de Alexandria, já em 1961, sendo, posteriormente, destinado à Espanha em forma de agradecimento pelo auxílio concedido aos templos de Abul-Simbel.

Após sua reconstrução, foi inaugurado em 1972, exatamente como era originalmente. Em seu interior existe um pequeno Museu. Infelizmente, não tive muita sorte de encontra-lo aberto, então não consegui ver o que tinha dentro. Mas exposições permanentes e temporárias compõe o espaço que, para recriar o clima quente e seco de Núbia, possui ar condicionado para o aquecimento. No exterior, um espelho d'água representa o rio que existia nas proximidades do templo.

Continuei seguindo até a Plaza de España, uma das mais importantes de cidade. Aqui são encontradas diversas esculturas que homenageiam Miguel de Cervantes e de onde sai a principal rua da cidade: a Gran Via. Logo em seu início, que ainda não conhecia, encontrei uma rua com muitos teatros e sem perceber – estava somente seguindo o que o mapa me indicava – estava próximo ao teatro onde, dias antes, havia assistido ao espetáculo o Rei Leão: o teatro Lope de Vega. Quando eu vi a placa do Rei Leão eu me localizei. É uma sensação muito gostosa você chega no lugar e saber onde está. É um sentimento de pertencimento. A partir desse ponto eu sabia aonde ir, qual rua entrar e qual caminho seguir. E sabia que, seguindo reto por aquela rua, eu chegaria a Gran Via novamente, com todas aquelas lojas, restaurantes, teatros. Uma rua enorme cheia de vida, com bastante movimentado – talvez um pouco mais nessa data.

Com mais ou menos um quilômetro de caminhada chegaria ao Parque del Retiro – que, em 2021, junto com o Paseo del Prado, foi classificado como Patrimônio Mundial da UNESCO. Um parque enorme, com lindos – e grandes – jardins. Logo na entrada – em uma das

entradas, na verdade – tem um lago com aqueles barquinhos de pato, que as pessoas fazem o percurso pedalando. Haviam muitas pessoas praticando essa atividade, outras caminhando, muitas famílias. Todas aproveitando o dia lindo de sol, e o clima bem gostoso. Mesmo sendo inverno, não estava sofrendo com o frio, como imaginei que seria. Ao contrário, percebi que o clima na Espanha é bastante ameno no inverno, ao menos nessa época do ano, mês de janeiro. Não sei se a tendência é esfriar mais no mês de fevereiro ou se em dezembro é mais frio.

Caminhando um pouco mais para dentro do parque encontrei o Palácio de Cristal, uma estufa de vidro que, originalmente, foi concebida para o cultivo de vegetação exótica. Mas no momento da visita estava vazia. Muito semelhante a estufa existente no Jardim Botânico de Curitiba (essa, por sua vez, foi inspirada no palácio de cristal de Londres). Claro que a paisagem é completamente diferente. Está localizada no meio de muitas árvores, um lugar bem fechado, com um pequeno lago passando ao seu redor, escadarias para chegar à porta de entrada. Fiquei imaginando esse lugar na primavera, com todas aquelas folhas bem verdinhas.

Deixei o parque e retornei alguns metros na rua, até o museu Thyssen Bornemisza. Não sei se o fato de estar cansado – já estava caminhando há várias horas – mas esse museu não me agradou muito. Acho que o primeiro museu que visitei, o Reina Sofia, pelas obras que têm nele, não sei dizer, mas me agradou muito mais!

O que salvou a visita foi uma exposição temporária sobre a evolução da Educação, que achei fantástica! Na verdade, ela realmente me chamou a atenção. Todo o processo pelo qual a educação passou, itens que eu nunca tinha visto – ou ouvido falar. Eram máquinas de educar – sim, tinham esse nome mesmo. Um sistema verdadeiramente estranho. Um espaço no qual o aluno se senta e produz, mas tudo muito mecânico. É possível, até mesmo, fazer uma associação com o que é a educação até os dias atuais, apesar de existir uma evolução. Até que ponto essa evolução realmente é uma evolução? Fiquei pensando no quanto aquelas máquinas ainda existem em nossa salas de aula, ainda que em outro formato, maquiadas. Infelizmente ainda existe muito do método de ensino tradicional que, ao refletir, apesar de não estar numa daquelas máquinas, a estrutura por trás é a mesma.

Com exceção dessa exposição, não gostei muito do lugar. Mas essa é minha experiência! Acho que, de qualquer maneira, vale a visita. Talvez existam ali obras de artistas específicos que irão agradar a um público específico.

Já estava quase sentando em qualquer lugar, de tão cansado que me encontrava, mas ainda havia uma última parada. Na mesma rua, a umas três quadras de distância, fui visitar o último museu do dia, que me decepcionou completamente, chamado Caixa Fórum. Basicamente nada! Não devo ter passado nem 20 minutos no lugar, e paguei 4 euros por isso. No folheto haviam várias exposições, mas quando entrei a maioria delas – que são as temporárias – já não estavam mais e não haviam outras no lugar. Não tinha muito o que fazer! A única exposição que estava aberta para visitação era uma grande área, um grande salão, com pinturas bem minimalistas.

Foi nessa hora que eu percebi que poderia ter visitado o Palácio Real. Infelizmente não tinha como adivinhar que seria daquela forma. Saí do Caixa Fórum e não aguentaria fazer mais nada. Caminhei um pouco mais, voltei para a estação e, antes de voltar ao hotel, procurei uma farmácia. Não aguentava mais caminhar! A dor nos pés só aumentava. Sedentarismo que chama, não é mesmo? Imagine só: trabalhava sentado a maior do tempo, não fazia nenhum tipo de atividade física e ainda estava com uns vinte quilos acima do peso. Não tem pé que aguente a pressão dos últimos dias!

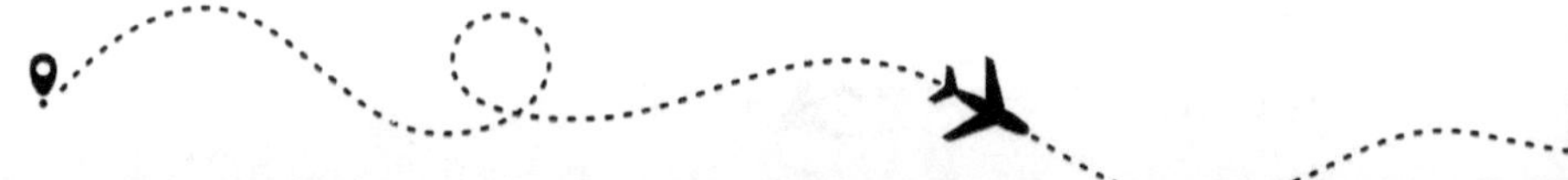

Tentei buscar nas prateleiras alguma pomada que já conhecesse, mas não encontrava. Fui obrigado a quebrar mais uma barreira – a idiomática – e pedir ajuda no balcão. Dei o meu máximo para conseguir expressar o que desejava e, para a minha surpresa, a comunicação foi perfeita! Mais um medo deixado para trás. Só então me dei conta de que o conhecimento em espanhol que possuía era mais do que o suficiente para me comunicar. Nunca fiz nenhum curso, mais sempre consumi muito conteúdo nesse idioma, só faltava a oportunidade de colocar para fora todo esse conhecimento. Depois disso, com a pomada guardada na mochila, e uma palmilha ortopédica que a atendente me recomendou, depois que eu expliquei toda a situação para ela, voltei muito mais confiante para a minha última noite no hotel.

7º DIA

03 DE JANEIRO DE 2018

E até no dia de ir embora, imprevistos acontecem. Na verdade, é o dia em que as coisas mais podem dar errado. É importante estar preparado para isso.

Você deve ter percebido o quanto o dia anterior foi extremamente cansativo. Na hora de dormir, eu apaguei. E repeti o erro de confiar na função soneca do despertador. No momento que despertei, dei um pulo da cama! Estava MUITO atrasado. Não teria mais forma de prevenir, o jeito era remediar.

Juntei as poucas coisas que ainda estavam espalhadas pelo quarto, coloquei o que coube na mala, um pouco na mochila e o resto em uma sacola. Mal tive tempo para me arrumar. Só coloquei a primeira roupa que vi – e ainda esqueci um par de botas no armário.

Bem avaliados
otos
Café
liados
Matilda
dega de los Secretos
Real Jardín
Botánico
McDonald's
Oferta disponível
Cuesta de Moya
Estación Del Arte
Bar Fomento
Museo Nacional
de Antropología
r King
ponível
Good News
B
C

Fiz o check-out, não tomei café e corri pela rua, arrastando a mala que estava bem mais pesada do que no dia que cheguei.

Entrei no trem já sabendo que não daria tempo. A cada estação olhava para o relógio. Faltavam 28 minutos, mas só chegaria em Atocha em 25 minutos. O que dá para fazer em 3 minutos? Já sabia que os horários eram muito respeitados. As chances de atrasos quase não existem.

Cheguei na estação e fui direto para a parte de onde saem os trens de longa distância. O mesmo lugar de onde saiu o trem que me levou a Toledo. Perdi uns dois minutos na fila. No momento em que apresentei o bilhete, já organizando a bagagem para passar pela segurança, vejo a cara de reprovação do fiscal. Não era daquela porta que sairia o trem. Ele então me indicou o piso superior, com as escadas ainda do outro lado. E enquanto eu volta pela fila, ainda vi seu gesto em minha direção, como se dissesse "corre, porque não dará tempo". No piso superior não tinha fila, sequer havia fiscal. Passei pela segurança e perguntei para a primeira pessoa que vi de onde sairia o trem. Ele viu a passagem, olhou para mim e disse "Lo siento, pero el tren ya se fue". Perdi o trem.

Minha passagem não era passível de trocas, cancelamento ou algo do tipo. Era totalmente não reembolsável. Já estava comprada há vários meses. A única alternativa de seguir viagem seria comprando uma nova. Do lado de fora ficam as máquinas de autoatendimento. Pesquisei o destino, horários e me assustei com os preços. Mais de 100 euros, em uma passagem que, inicialmente, com a antecedência recomendada, havia me custado uns 30. Outra opção? Nenhuma! A única coisa que poderia fazer era economizar nos próximos dias, para tentar diluir aquele gasto não previsto. Além do valor alto, outro inconveniente foi o horário. O próximo trem com lugar disponível sairia somente 6 horas mais tarde. Sem ter o que fazer voltei ao guarda-volumes, deixei a bagagem, novamente, no armário, e fui para a rua. Momento de ver o copo meio cheio: ganhei mais algumas horas em Madrid.

Havia ainda um lugar que não consegui visitar no dia anterior, outro museu, o Museu do Prado. Sua localização é bastante próxima da estação, mas ainda era muito cedo e o museu estava fechado. Ainda foi necessário aguardar alguns minutos em uma fila que já se formava.

Considerado não só o museu mais importante da Espanha, mas também um dos mais importantes do mundo. Passei cerca de 2 horas caminhando pelos longos corredores do museu, apreciando suas obras de origem não só espanhola, como também italiana, francesa e alemã. Confesso que para mim, muitas das pinturas eram bastante complexas. O Museu do Prado, junto com os dois anteriores – Museu Reina Sofia e Museu Thyssen-Bornemisza – formam o Paseo del Arte, a tríade com os três principais museus da cidade.

Ainda havia tempo. Encontrei um lugar para comer – esqueci que estava com o estômago vazio até esse momento – e foi a descoberta da viagem: máquinas de autoatendimento também em restaurantes. Mais um recurso aos que têm dificuldade na comunicação. Não sabia se encontraria outros lugares assim durante os próximos dias, mas fiquei animado, de qualquer forma.

De volta à estação, já com as malas na mão, achei mais seguro esperar por ali mesmo, para diminuir qualquer risco de perder o trem novamente. A espera não foi muito longa. Cerca de uma hora. Logo a entrada no trem foi autorizada e eu segui para a minha poltrona. Carro 11 assento 1A. O trem seguia o mesmo modelo daquele que me levou à Toledo, um trem de alta velocidade, que em duas horas e meia de viagem me levaria ao próximo destino.

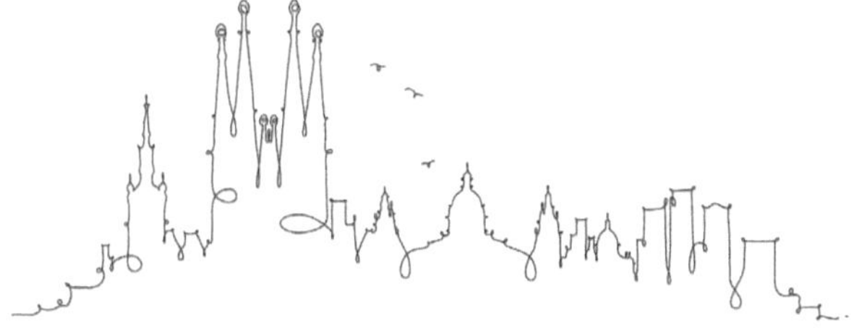

BARCELONA

Eu lembro que quando estava organizando o roteiro, Barcelona não era uma das minhas prioridades. Cogitei, até mesmo, trocar os dias na cidade por mais tempo em Madrid ou em outro lugar.

Já estava me aproximando da estação final, quase 6 horas da tarde – ou noite, nesse caso, já que o tempo estava escuro devido ao inverno. É interessante mencionar que esse trem faz uma parada em uma cidade localizada entre Madrid e Barcelona, Zaragoza, sendo um excelente ponto para pit-stop de uma ou duas noites, antes de seguir – independente da direção que esteja fazendo.

Para esse dia a programação era chegar em Barcelona e visitar a Sagrada Família, antes de ir ao hotel, pois estaria na cidade por volta do meio-dia. No entanto, como acabei dormindo mais do que deveria, já era muito tarde para isso. Saí do trem, subi as escadas e busquei uma das máquinas de autoatendimento para conseguir uma passagem do trem local.

Ainda no trem que veio de Madrid, como estava com muito tempo livre, comecei a ler o bilhete que estava nas minhas mãos. Percebi que havia uma informação que ainda não havia me dado conta: "Combinado Cercanias". Pesquisei na internet – utilizando o wi-fi disponível no trem – e encontrei um vídeo que explicava: a passagem do trem de alta velocidade da Renfe inclui uma passagem no trem local em Barcelona para a saída da estação, desde que seja utilizada, no máximo, duas horas após o desembarque. Já economizaria alguns euros! Nas máquinas da estação aparece a opção para digitar o código que existe no bilhete impresso e conseguir a nova passagem. Bastante fácil!

Minha próxima parada: Sant Joan Despí, onde ficaria hospedado pelos próximos dias. Essa foi a melhor hospedagem da viagem. Reservei um quarto simples, individual, mas por alguma razão me colocaram em um apartamento – o lugar era um apart-hotel. Quando abri a porta do quarto e vi uma cozinha completa, tive a certeza de que ali eu comeria bem. Hoje é muito raro eu ficar hospedado em hotel. Não gosto da experiência. Esse apart-hotel em Barcelona, com certeza, me fez perceber as vantagens de se optar por uma casa ou apartamento.

Mesmo sendo tarde, precisava sair para encontrar dois lugares: uma lavanderia – não tinham mais roupas limpas – e um mercado, já que haviam me presentado com uma cozinha. Pesquisei se existia alguma coisa na região e encontrei. Não era tão perto como gostaria, mas não tinha escolha.

Comecei pela lavanderia, que era mais afastada – e digo uma coisa, mesmo no escuro, e em um lugar desconhecido, em momento algum senti que corria algum perigo caminhando por aquelas ruas. O lugar transmite segurança, assim como foi em Madrid. Chego no local e me deparo com várias máquinas, algumas para lavar, outras para secar. Parei alguns minutos em frente a uma delas – a menor que encontrei – para ler suas instruções. Era fácil! Encher a máquina com as roupas, escolher o tipo de lavagem e colocar as moedas. A própria máquina se encarrega de despejar os produtos durante a lavagem. Muito prático! Um tempo depois, com o ciclo finalizado, transferi as roupas dessa para outra máquina, a secadora, e o processo é o mesmo. Ao final, com pouco mais de uma hora, toda a roupa já estava limpa e seca.

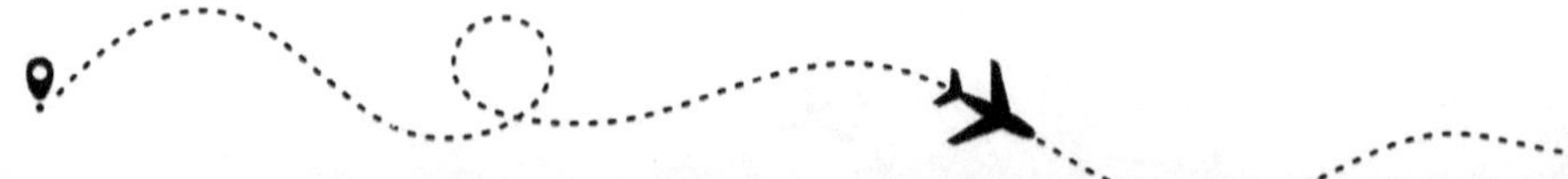

O mercado mais próximo ficava na metade do caminho até o hotel. Era um Mercadona. Sou apaixonado por essa rede de supermercados. Eles têm uma linha própria de produtos que são muito bons. Já me abasteci para algumas refeições no hotel, os lanches do dia a dia e, principalmente, água. Mesmo ouvindo maravilhas sobre a água de lá, achei melhor não arriscar.

8º DIA

04 DE JANEIRO DE 2018

Nessa época ainda não tinha conhecimento – ou tinha, mas achava complicado, não tenho certeza – de carros de aplicativo, e acabava fazendo muitas caminhas sem necessidade. Do hotel até a estação de trem era mais de um quilômetro, a mesma situação vivida em Madrid. Na verdade, acho que foi assim durante toda essa viagem.

Comecei o dia indo até a praça Catalunya e, de lá, pegando o metrô até a estação mais próxima do Parque Güell, primeiro ponto do roteiro. Antes mesmo de chegar ao parque, o que mais me impressionou em Barcelona foi o clima. Estava muito quente! Fazia cerca de 22°C. Por ser inverno, não imaginava que encontraria essa temperatura. E conforme caminhava pelos lugares, ouvia as pessoas comentando o mesmo, ou seja, realmente foi um inverno atípico na região.

Depois de subir uma ladeira bastante comprida, estava no alto do Parque Güell. Lá de cima já era possível ver não só o parque, como também a Sagrada Família e, ao fundo, o litoral – bem próximo, por sinal.

Situado nas colinas ao norte da cidade, o Parque Güell é uma impressionante obra do artista Gaudí. Porém, é uma obra um pouco

Parc Güell
GRÀCIA
A
Recinte
de Sant
Casa Vicens
La Sagrada Famí
Pg. de Sant Joan
C/ d'Aragó
a Diagonal
B
Plaça de Tetua
C
Casa Batlló
Palau de la
Música Catalana
D
Pl. Catalunya
SQUERRA
EIXAMPLE
E
Cate
Mercat de la Boqueria

diferente do que estamos acostumados, como um quadro ou escultura, pois é uma grande área de parque com várias instalações para explorar e visitar. Originalmente planejado como um conjunto habitacional, de propriedades de classe alta com vistas espetaculares, o projeto de sessenta casas nunca foi realizado, tendo apenas duas realmente concluídas. No entanto, muitos dos recursos previstos por Gaudí para os espaços públicos foram criados, incluindo as casas na entrada, um grande terraço principal, o banco em mosaico serpentino – que sempre vejo ao pesquisar por "Barcelona" – e os caminhos com colunatas. Há também uma casa-museu, que foi a residência de Gaudí nos últimos vinte anos de sua vida.

O Parque Güell costumava ser gratuito para visitar – quando passei pela cidade, ainda era dessa forma – mas sua enorme popularidade levou à criação de um sistema de bilheteria. Agora tem entradas cronometradas, ajudando a manter o parque mais agradável para todos os visitantes. Ainda é possível visitar partes do parque sem ingresso, mas as principais atrações, conhecidas como Zona Monumental, exigem ingresso.

Essa região do parque fica no bairro chamado Eixample, que é o maior de Barcelona. Estende-se da Plaça Espanya à Plaça de les Glories Catalanes e da Ciutat Vella a Gràcia. Repare que os nomes não estão em espanhol/castelhano. Isso é muito comum por lá. O mesmo é observado em placas pelas ruas, nas lojas etc. Embora o castelhano seja um idioma oficial, é dada mais importância ao catalão. Então a tradução em castelhano existe, mas sempre estará abaixo do catalão. O Eixample contém a maior concentração de arquitetura modernista na Europa. É também o centro econômico e comercial de Barcelona e um bairro residencial de alta classe.

Descendo um pouco mais pelas ruas, está o bairro de Gràcia, na parte alta do Passeig de Gràcia – uma avenida que vou descrever mais abaixo – mas ao chegar até lá a sensação é de sair de Barcelona e entrar em um mundo totalmente diferente. Gràcia tem uma rede de ruas estreitas e charmosas praças ladeadas por bancos. É a casa de cafés e bistrôs nas calçadas, casas noturnas discretas, teatros alternativos e lojas peculiares com uma clientela jovem – na verdade, ficou nítido que os mais jovens amam Barcelona.

O Passeig de Gràcia, que abriga a maioria das lojas de grife e restaurantes exclusivos de Barcelona, fica entre o bairro de Gràcia e o coração do Eixample, que acaba sendo divido em dois: Eixample da esquerda – Eixample Esquerra – e Eixample da direita – Eixample Dreta. Também nesta avenida estão dois dos edifícios mais emblemáticos de Antoni Gaudí: Casa Batlló e Casa Milà.

Começando pela Casa Milà – mais próxima no roteiro – também conhecida por La Pedrera, é outra das casas de Gaudí em Barcelona – a última de suas grandes obras civis. Ela também tem uma fachada famosa, desta vez de calcário ondulado, aspecto de pedra que lhe rendeu o segundo nome La Pedrera.

Assim que entrei no prédio, sua estrutura me chamou muito a atenção. Do pátio térreo, olhando para cima, tem-se uma vista incrível do interior do edifício, com a luz fluindo da cobertura para os cômodos internos. Ao subir os andares, é possível explorar alguns dos cômodos que estão abertos ao público.

O destaque para muitos, porém, é a área do terraço, com suas famosas chaminés, claraboias e escadas. A partir daqui, há excelentes vistas da cidade, incluindo algumas das outras obras de Gaudí, principalmente a Sagrada Família – por ser uma estrutura grande, é possível apreciá-la de diferentes pontos. Muitos dizem que a Casa Milá é uma parada obrigatória para os visitantes, mas acho que vai do gosto pessoal de cada um, e daquilo que se busca na cidade.

A uma curta caminhada está a Casa Batlló, mais uma das famosas casas de Gaudí em Barcelona — e uma das mais populares. Mesmo do lado de fora esta propriedade é intrigante, com as famosas varandas na fachada do edifício, que me fizeram lembrar o Castelo Rá-Tim-Bum — se você nunca ouviu falar, é um sinal de que eu estou ficando velho. Não conheci seu interior porque a fila estava muito grande, por essa razão talvez seja melhor fazer a visita logo pela manhã.

Já estava a alguns metros da Plaça de Catalunya, o centro da cidade, onde finalizaria o roteiro indo para a estação de trem. Mas então me lembrei que, no dia seguinte, faria um passeio ao Vall de Núria, uma região no Pireneu da Catalunha, bem próximo à fronteira com a França, para apreciar as montanhas branquinhas de neve. Precisaria encontrar roupa para usar no lugar, pois as que havia comprado em Madrid, apesar de serem para o inverno, não eram apropriadas para a neve. Próximo da praça encontrei uma loja, Decathlon, que com certeza teria o que precisava. E foi exatamente o que aconteceu: encontrei calça impermeável, botas para neve, luvas, touca e casaco. Agora sim, estava preparado para o dia seguinte.

9º DIA

05 DE JANEIRO DE 2018

Se não fosse a mudança no tempo. Enquanto no dia anterior o clima estava firme, com sol o dia todo e sem nuvens, a sexta-feira amanheceu chuvosa. Olhei a situação do tempo em Vall de Núria, por meio de seu site oficial, que disponibiliza câmeras ao vivo de alguns pontos. Estava tudo completamente branco! Não era possível ver nada nas imagens. Não faria sentido levar mais de duas horas para subir nessa situação.

Da mesma forma que, com chuva, não teria muito o que fazer na cidade. Foi nesse momento de angústia que me lembrei que, dois dias antes, quando cheguei em Barcelona, não fui à Sagrada Família. Como é um lugar fechado, seria uma boa atividade para esse dia, já que a alternativa seria ficar no hotel, comer e dormir – o que não pode ser uma opção, não é mesmo?

De longe – e do alto – a Sagrada Família já se destaca. De perto, mesmo com chuva, é inexplicável. Se você não conhece a história, essa igreja é mais um dos grandiosos projetos de Antoni Gaudí, que ainda se encontra inacabada – informação referente a novembro de 2022 – com obra iniciada em 1882, e mantém a construção por meio de doações.

Sem dúvida uma obra-prima de Gaudí! Esta enorme basílica foi o trabalho no qual ele estava empenhado quando morreu tragicamente – na época da morte de Gaudí, em 1926, somente uma pequena parte da construção havia sido concluída.

Porém, ainda que não esteja finalizada, isso não significa que não possamos visitar. Apesar de ser uma zona de construção ativa, a maior parte do edifício está aberta ao público. É outra parada popular para os turistas, então a sugestão é que a visita seja agendada nas primeiras horas do dia – talvez para ver o nascer do sol no parque ao longo da estrada, antes de entrar, caso não esteja caindo o mundo em forma de chuva, é claro.

A entrada é cronometrada e os ingressos esgotam com bastante antecedência, então é um daqueles passeios que a aquisição do ingresso on-line não é opcional, para se conseguir o dia e horário que melhor se encaixa no seu roteiro, e não depender de filas em bilheteria. Após 2022, os ingressos para entrada antes das duas últimas horas de aber-tura ficaram um pouco mais caros, mas incluem um guia de áudio, que vale muito a pena. No entanto, à medida que fica mais tarde, o prédio

fica mais lotado, então definitivamente recomendo visitar no início do dia, se puder. Há também a opção de fazer uma visita guiada à catedral. Uma coisa é certa: seja você uma pessoa religiosa ou não, vale a visita por ser uma obra-prima arquitetônica e um marco famoso no coração de Barcelona.

Ao contrário de qualquer igreja que eu já tivesse visto, as curiosas formas, curvas e figuras que revestiam a fachada foram ficando cada vez mais claras à medida que me aproximava. Depois de passar alguns minutos na extensa fila que, apesar de rápida, foi incômoda pela chuva, consegui passar pela maquete na entrada, que apresenta o projeto como foi idealizado e, finalmente, entrar no prédio. O guia em áudio vale muito à pena! Principalmente para aqueles que, assim como eu, estarão sozinhos. Ele vai conduzindo o visitante pelos pontos de interesse.

Não sei o momento exato em que a igreja me "fisgou", mas meu fascínio pelo prédio me surpreendeu. Me envolvi com o guia em áudio em minha cabeça e me absorvi na história de uma igreja financiada por doações, construída ao longo de décadas. Uma igreja tão grandiosa em conceito, design e estilo que se tornaria a obra-prima de um século, não apenas de um único artista.

Não sou um aficionado por arte, tampouco um estudante de arquitetura, mas descobri ser impossível ficar impassível diante das complexas cenas representadas na fachada da Natividade.

Como seria de se suspeitar, de um edifício com tantos detalhes planejados em todos os aspectos, o interior também é requintado. O teto é tão extraordinário que minha vontade era de deitar no chão e ficar somente admirando. Em vez disso, estiquei o pescoço e fiquei boquiaberto com as descrições do meu guia de áudio. Cada pisada dentro da igreja trazia à vista novas colunas retorcidas, semelhantes a árvores, ramificando-se à medida que subiam.

Passei a maior parte da manhã vagando pela enorme igreja, depois no museu, olhando as plantas e projeções em miniatura do projeto concluído. Graças à magia dos computadores e da tecnologia – que Gaudí não considerou em sua linha do tempo de dois séculos para a conclusão de sua obra-prima – a Sagrada Familia poderá ser concluída já em 2026.

Quando saí da igreja, mergulhei nos raios de um tímido sol que estava por entre as nuvens. A mudança bem-vinda no tempo combinou com meu ânimo elevado. Senti-me mais leve depois de mergulhar tão completamente em um aprendizado sobre como a criatividade e o fervor religioso de um homem, podem obrigá-lo a canalizar sua paixão, tão estreitamente, para um projeto que afetaria milhões de pessoas e duraria várias décadas.

10º DIA
06 DE JANEIRO DE 2018

O dia anterior foi bastante curto. Com o tempo instável, e com uma "folga" no roteiro, já que não rolou o passeio para as montanhas, achei melhor voltar cedo para o hotel, descansar as pernas – que ainda doíam – e dormir mais cedo. O que foi uma excelente decisão! Acordei muito mais disposto, sem dores – ou muito pouco – e preparado para mais um dia, que já amanheceu com os raios de sol entrando no quarto pelo vão da cortina.

Comecei o roteiro, basicamente, no mesmo ponto que finalizei dois dias antes: Plaça de Catalunya. Já mencionei que aqui é o centro

da cidade. Mas o lugar vai muito além disso! Uma grande praça com esculturas, fontes e área verde cercada por edifícios monumentais. É aqui que Ciutat Vella – cidade velha – e o moderno bairro de Eixample se fundem, oferecendo uma experiência eclética e energética. Com uma arquitetura modernista de tirar o fôlego, e movimentadas galerias comerciais, essa praça consegue atrair moradores e turistas com igual proporção.

Se você, assim como eu, estiver de passagem por Barcelona e planeja uma parada na Plaça de Catalunya, recomendo que a partir desse ponto siga esse itinerário. Me lembro de ter encontrado na internet e se encaixou perfeitamente com o que buscava.

Hora de caminhar um pouco e dar um passeio em uma das ruas mais famosas da cidade – La Rambla. Descendo a rua pude observar as pessoas e uma grande variedade de opções de refeições ao ar livre. Claro, podem não ser as opções mais baratas ou "autênticas" da cidade, mas o que há de errado nisso? Essa rua acrescenta um caráter único e local a este bairro, com uma grande variedade de lojas, mercados, bares e restaurantes.

E por falar em mercados, depois de uma curta caminhada cheguei à La Boqueria, o mercado mais antigo e famoso da cidade. Costumava ser do lado de fora da muralha da cidade velha e sempre teve a fama de ser o mercado que teria os itens que não são encontrados em outro lugar.

Hoje o mercado ainda é popular entre os moradores e visitantes, e ainda tem a reputação de ter uma das opções mais amplas dos mercados da cidade, com tudo, desde carne e peixe, frutas, doces e até barracas de comida. E um detalhe: sempre lotado de gente! Quase não se tem lugar para caminhar.

Visto recentemen
A
H
B
alau Güell
G
EL F TIC
Museu Picasso
de Barcelona
C
21
B-10
CIUTAT VELLA
ium de Barcelona
D
Zoo de
LA BARCELONETA
del Port
Platja de la
Som
E

E descendo um pouco mais, quase em seu fim, encontrei o Monumento a Colón, uma grande coluna, no topo da qual está uma estátua de Cristóvão Colombo, o famoso explorador italiano e grande responsável por abrir as Américas à exploração europeia.

Não me tardei muito por ali. Apenas dei uma boa olhada ao redor, tirei algumas fotos e segui por uma passarela de madeira que leva em direção ao Aquário. Estava ansioso por essa visita, por nunca ter visitado um lugar como esse. E as horas que passei lá dentro foram impressionantes! Vou tentar resumir o que vi nessa visita.

Não sei exatamente a quantidade de tanques, animais ou espécies que existem por lá, mas o que vi foi uma pequena parte do que representa o Mediterrâneo e o bioma marinho tropical – não sou estudioso, foram apenas as informações que li. O aquário tem duas partes principais: o Mediterrâneo e as áreas tropicais. A seção do Mediterrâneo representa diferentes criaturas do Mar Mediterrâneo, como moreias, polvos, cações, corais etc. E a seção tropical exibe o bioma do Caribe, Mar Vermelho e as águas próximas ao Havaí. Uma é completamente diferente da outra!

O famoso Oceanário – que deve ser a parte mais aguardada de toda a visita – é um grande tanque que fornece habitat para uma grande variedade de grandes peixes mediterrâneos, como raias e tubarões. Nessa parte caminhei por um túnel subaquático transparente de uns 80 metros de comprimento. A passagem por este túnel dá a sensação de estar literalmente debaixo d'água, e através das paredes de vidro é possível observar os animais aquáticos em seu ambiente natural.

Para além da observação da vida marítima, o aquário oferece também uma grande oportunidade para nadar junto com os tubarões-tigre. Não fiz o mergulho e, na verdade, não vi ninguém fazendo, mas muitos cartazes mostravam como era a experiência. E fica aquela pergunta: é seguro? Ouvi duas informações explicando o motivo de não atacarem as pessoas dentro dos tanques. A explicação oficial é que os tubarões não gostam muito do sabor da carne humana. No entanto, alguns dizem que os animais não atacam as pessoas porque estão sob efeito de alguma droga. Deixando as controvérsias de lado, foi um passeio muito agradável!

Saí do aquário e caminhei alguns metros pela orla da praia, uma região chamada de Barceloneta, um bairro portuário conhecido por ser um ponto de encontro e por ter uma das praias mais visitadas pelos turistas. Com vários restaurantes espalhados pela orla, edifícios com o design moderno, e fica localizada entre o Mar Mediterrâneo e o Bairro Gótico, para onde estava me dirigindo nesse momento.

O Bairro Gótico guarda os resquícios do passado romano de Barcelona. Suas principais atrações são a magnífica Catedral de Barcelona, a Plaça Sant Jaume e seus belos prédios governamentais, além de ter a agitada vida noturna em torno da Carrer de Ferran e da Plaça Reial e as interessantes lojas da área comercial de Portal de l'Àngel.

De imediato, notei mudanças na arquitetura dos prédios ao redor, quase como se estivesse entrado em outra época. Passear pelo histórico Bairro Gótico de Barcelona foi um dos destaques da minha viagem. Mais ou menos na metade de uma das ruas, encontrei um prédio bem medieval que parecia parte de um antigo castelo, espremido entre outros prédios, que na verdade era o Museu de História de Barcelona. E esse contraste foi visto diversas vezes ao longo do caminho.

Durante o trajeto pelo labirinto de ruas estreitas do Bairro Gótico, foi possível se perder no tempo e também literalmente. Por conta dos prédios altos, em diversos momentos o GPS do celular falhava, até que resolvi esquecer o mapa do celular e apenas curtir o momento. Mas não se preocupe, porque assim como eu, você também não encontrará

góticos de aparência assustadora com maquiagem pesada, vestidos de preto. Em vez disso, você se deparará com estruturas lindamente detalhadas, praças, palácios, igrejas e monumentos intactos!

Continuando uma descida, me deparei com um local totalmente digno de Instagram – a Ponte del Bisbe. Já tinha visto fotos do lugar, mas não sabia como encontra-lo. Tudo o que eu sabia era que ficava em algum lugar chamado Bairro Gótico, então, quando me deparei com ele, realmente fez o meu dia! A ponte é cercada por altos edifícios de pedra, dois dos quais se conectam. Seu design medieval faz com que pareça algo saído diretamente de Hogwarts – escola dos bruxinhos das histórias de Harry Potter. O maravilhoso detalhamento ao redor da parte superior e inferior da ponte quase se parece com galhos de árvores, se você olhar de longe.

Depois de toda essa caminhada, já cansado e cheio de fome, voltei a Plaça de Catalunya, bem perto de onde estava, para provar alguma das comidas de rua que vi mais cedo, e depois pegar o trem para o hotel.

11º DIA

07 DE JANEIRO DE 2018

A Plaça de Catalunya acabou se tornando o lugar de início em todos os dias, justamente por seu ponto central, próximo de tudo. E nesse dia, que seria o último, precisava visitar tudo aquilo que ainda não tinha conseguido. Comecei pelo Arco do Triunfo. A gente ouve muito à respeito do Arco do Triunfo em Paris, mas Barcelona também tem o seu. Diferente do primeiro, com conotação militar, esse foi original-

Barceloneta
Parc de la Ciutadella
Visto recentemente
B
A
anta Caterina
EL GÒTIC
arcelona
EL RAVAL
Parc del Mirador del Poble Sec
Barce
Castell de Montjuïc
H
Av. del Paral·lel
F
G
ESQUERRA L'EIXAMPLE
Jardins de Laribal
Font Màgica de Montjuïc
Temporariamente fechado
E
D
C
Poble Espanyol de Montjuic
Parc de l'Espanya Industrial
SANTS-

mente planejado para ser usado como a entrada principal para a Feira Mundial de Barcelona, realizada no ano de 1888.

O Arco está situado ao lado do Parque Ciutadella, que foi o local da mesma feira. O parque foi originalmente o lar de uma cidadela, construída por Filipe V da Espanha depois que ele assumiu o controle da cidade no início do século 18. Em 1841, a fortaleza foi demolida, sendo restaurada apenas dois anos depois. No entanto, foi desprezada pelos locais e na segunda metade do século 19 foi definitivamente demolida.

O parque não traz somente beleza, como também muita história. Tornou-se o primeiro espaço verde da cidade e até hoje é o maior parque de Barcelona. Em seu coração está um lago, que geralmente é salpicado de barcos a remo; e no norte do parque há uma enorme fonte, comparada por muitos à Fontana di Trevi, em Roma. Passei quase uma hora para explorar e aproveitar o parque. Só não fiz o passeio com mais calma por causa do tempo – tanto o tempo no relógio, que era curto, quanto o clima, com cara de que iria começar a chover a qualquer momento. Mas é um excelente lugar para fazer um piquenique, por exemplo. Há até mesas de pingue-pongue espalhadas pelo parque e muitas lojas próximas que vendem tacos e bolas. E se tiver tempo sobrando, existe até um zoológico anexo ao parque, com uma das maiores coleções de animais da Europa.

Depois dessa visita, voltei a Plaça de Catalunya e peguei um trem para a estação Espanya, onde fica a praça de mesmo nome, aos pés de Montjuïc, a colina que domina a cidade de Barcelona. É uma das partes historicamente mais importantes da cidade e foi construída para a Exposição Universal realizada em 1929.

De dia, já foi impressionante de se ver, mas dizem que à noite é ainda mais, devido a sua iluminação contra o céu escuro. Uma das características mais notáveis da Plaça d' Espanya é o par de torres de tijolo vermelho que formam uma espécie de portão para o Palácio Nacional, que fica no topo da colina em todo o seu esplendor.

Caminhando um pouco mais, desloquei ligeiramente os olhos para o centro da rotunda que forma o núcleo da Plaça d' Espanya e me deparei com uma deslumbrante fonte – a peça central do lugar. Esta fonte representa os três rios mais importantes da Espanha: Ebro, Guadalquivir e Tejo. Só fiquei imaginando como deveria ser absolutamente espetacular à noite.

Do lado de fora da Plaça d' Espanya está o Museu Nacional de Arte Catalã, que não visitei, mas faria se tivesse uns dias a mais em Barcelona. Há também um shopping chamado Las Arenas, instalado em uma antiga arena de touradas. Vou deixar uma dica de um lugar que soube apenas depois da minha visita: vá até a cobertura do shopping. Você não ficará desapontado com as vistas deslumbrantes que se desenrolam diante de seus olhos. Vi apenas por vídeo, infelizmente, mas é incrível!

Desse ponto já era possível ver, de longe, a Fonte Mágica de Montjuic – mais um belo exemplar de monumento que fica ainda melhor à noite. Todos os dias, quando o sol se põe, a fonte ganha vida numa explosão de luz, cor e som – essa é a proposta, mas na prática deve ser surreal. Mesmo durante o dia, é possível apreciar o desempenho dado pela Fonte Mágica, que é provavelmente melhor descrito como acrobacia aquática. Jatos de água disparam em todas as direções.

A partir desse momento, precisaria escolher entre o Museu de Arte ou subir a colina Montjuic para ver a cidade do alto. E mesmo com medo da chuva, optei pelo segundo. Mas foi uma caminhada bastante tranquila. Durante o trajeto existem alguns pontos para observar a cidade do alto – e também para descansar no meio do caminho. Tam-

bém passei pelo Parque Olímpico dos Jogos de 1992: um lugar lindo, bem preservado e com as funções em dia. Completamente diferente do que estava habituado a ver até então. É um belo exemplo do legado que uma competição desse porte pode deixar para a cidade.

Um pouco mais acima, passei pelo teleférico de Montjuïc, que liga o bairro Parc de Montjuïc ao Castelo de Montjuïc. Estava fechado naquele dia, ou em manutenção. Não tenho certeza. O lado negativo de viajar durante o inverno é que muitos lugares utilizam esse período do ano para fazer reformas ou outras coisas pontuais para manter a conservação de pontos turísticos.

Ao lado do teleférico tem o Circuito de Montjuïc, um parque com um grande terraço que proporciona uma vista de vários pontos da cidade. Aqui a chuva começou. Não vi outra alternativa a não ser descer, com passos largos, até a estação mais próxima. E pelo avançado da hora, não conseguiria visitar muitos outros lugares. Ainda seria necessário encontrar uma mala nova em algum lugar perto da Plaça de Catalunya, antes de pegar o segundo trem, pois já não tinha onde colocar as roupas que havia comprado na Decathlon dias antes. E pela distância que estava o hotel, já chegaria à noite.

12º DIA

08 DE JANEIRO DE 2018

Na verdade, quando acordei ainda era noite. Tudo escuro. Uma garoa leve caindo. Sabia que não precisava ter acordado tão cedo. O voo só sairia às 11 horas. Mas calculei o trajeto: chegar no aeroporto com duas horas de antecedência – hoje não faço mais isso, mas não recomendo – mais uma hora do hotel até o aeroporto – não levaria todo esse tempo, mas o intervalo entre um trem e outro era de 30 minutos – e duas horas para arrumar tudo sem desespero – e para não correr o risco de repetir o incidente de Madrid. Assim, às 6 horas já estava de pé. Eu continuo sendo o "doido" da organização, mas nessa época levava muito mais à sério do que hoje. Acho que, com o tempo, fui aprendendo como funcionam as coisas.

Temporada de inverno e um dia chuvoso fizeram com que minha saída do hotel fosse antes do dia clarear. E lá fui eu, em direção à estação, arrastando duas malas dessa vez, e uma mochila nas costas. O primeiro trem até Barcelona-Sant e o segundo para o aeroporto.

Durante minha pesquisa sobre voos, trens e outros meios de transporte entre os países da Europa, descobri a existência de companhias aéreas de baixo custo, ou low-cost, que ajudam os mochileiros na economia. E na viagem desse dia utilizei uma delas, a Vueling, empresa espanhola.

No aeroporto, o de sempre: localizar o balcão de check-in, despachar as malas, passar pela segurança, e esperar uma eternidade... Até o final das férias já seria um expert em aeroporto!

Uma coisa interessante que esqueci de mencionar: mesmo viajando entre cidades de países diferentes, o processo era semelhante ao de voos domésticos. Isso porque são países que fazem parte do Tratado de Schengen, que oportuniza a abertura das fronteiras e livre circulação entre os países pertencentes. Isso vale para cidadãos não europeus também. Após passar por uma imigração, não será necessário passar por outra se o país fizer parte desse acordo.

Dentro do avião não perdi tempo! Guardei a mochila, sentei e dormi. O cansaço era tão grande que eu nem percebi a decolagem. Somente depois – umas três horas mais tarde – acordei e percebi que

havia alguma coisa errada. O voo não deveria passar de uma hora e meia, mas ainda estávamos voando. Entrei no voo errado e ninguém percebeu. Não havia outra explicação! Olhava através da janela, mas não enxergava nada. O avião estava acima de muitas nuvens. Comecei a me desesperar um pouco – mentira, eu já estava em um estado de nervosismo que dificultava até a respiração. Mas antes de me levantar e buscar por ajuda, a voz do piloto surge no meio do zumbido da cabine, anunciando que os procedimentos de pouso iriam iniciar. Com o estrago feito, o jeito era esperar.

No momento em que o avião tocou o solo, já estava ansioso – e com medo – para saber onde estava. Foi quando a voz do piloto surge mais uma vez, dando as boas-vindas ao aeroporto de Fiumicino, na Itália.

ROMA

Não dizem que todos os caminhos levam a Roma? Mudo eu estava e mudo continuei. Não entendia mais nada! Estava no lugar certo, mas na hora errada. Foi então que comecei a ouvir as conversas dos outros passageiros. Como estava bem ao fundo da aeronave, teria tempo de ouvir bastante coisa. Enquanto me levantava escutei alguém mencionar o horário e parei para ouvir melhor: a pessoa reclamava sobre o atraso devido ao tempo que o avião ficou parado na pista, ainda em Barcelona, antes de decolar. Até hoje não sei como consegui entender todo esse diálogo. Na verdade, até hoje não compreendo como consegui me comunicar a partir desse dia, porque havia acabado de deixar para trás minha zona de conforto que era o espanhol. Levei alguns segundos para assimilar a informação e percebi que as horas de sono aconteceram com o avião ainda parado. Por isso um sono tão longo...

Continuei seguindo a fila que se deslocava para a saída e fui no mesmo ritmo pelos corredores da área de desembarque do aeroporto, sempre observando as placas, mas sem dar muita atenção. Senti que o caminho até o local com as esteiras de retirada das bagagens estava muito comprido, mas continuei seguindo as informações. Até que, minutos depois, encontrei uma porta de vidro que separava o salão das esteiras. Atravessei e busquei nos monitores em qual esteira estavam as malas do voo. Nenhuma informação. Aguardei um tempo até atualizarem, e nada. Observei que não havia nenhum passageiro do mesmo voo por ali, o que era impossível, já que todos deveriam passar pelo lugar que antecedia a porta de saída.

Em um extremo havia um guichê de informação da Alitália. Fui até lá e perguntei para uma atendente se ela saberia me informar o local de saída das malas dos voos da Vueling. Gentilmente – e em espanhol – ela me respondeu que não era ali, que eu deveria voltar para o Terminal 1, sendo que eu estava no Terminal 3. Eu caminhei tanto dentro do aeroporto que mudei de terminal sem perceber. Agradeci e voltei para as portas de vidro, que não abriam. Simplesmente não seria possível voltar por esse caminho – e olha que eu tentei, e só desisti quando um funcionário do aeroporto parou e começou a me encarar. Fingi que não era comigo, me dirigi a saída e fui buscar outra estratégia.

Somente do lado de fora percebi o tamanho do lugar! Caminhei até a entrada do Terminal 1 e procurei pelo portão de desembarque. Ao lado, em uma pequena sala, dois policiais cuidavam de um lugar que aparentava ser uma improvisada área de segurança, de tão pequena que era. Me aproximei, expliquei a situação e autorizaram minha entrada. Bem em frente estava uma única esteira, que servia de base para uma mala preta e outra vermelha. Não tinham outras bagagens ali, somente as minhas, já em looping naquele carrossel.

Finalmente de posse das malas, saí do desembarque sentido ao Terminal 2, onde fica localizada a estação de trem. Comprei um bilhete em uma das máquinas de autoatendimento, fiz sua validação em outra máquina, no início da plataforma – muito importante isso, e só soube lá, porque fui curioso ao tentar descobrir o que era aquela outra máquina – e aguardei cerca de 10 minutos até o próximo trem.

A viagem do aeroporto até a estação Termini, no centro de Roma, durou cerca de 30 minutos. Me lembro de ter lido coisas absurdas sobre essa estação, no quesito segurança – ou ausência dela. Muitos batedores

de carteira, pessoas bastante simpáticas que ofereciam ajuda para tentar roubar o turista etc. Na prática, não percebi nada de diferente se comparado a outros lugares. Acredito sim que os índices de furto, e coisas do tipo, podem ser altos, mas tudo é uma questão de ponto de vista. Sou de São Paulo e sei o que é viver em um lugar no qual precisamos estar atentos.

Novamente utilizei uma máquina automática, mas dessa vez para os bilhetes do metrô. E diferente de Madrid e Barcelona, aqui os bilhetes eram individuais, sendo necessário comprar um para cada viagem. Como já estava com o itinerário preparado, sabia quantas vezes utilizaria o transporte. Então comprei os dez tickets de uma única vez, para não precisar perder tempo novamente. Não que demore muito, mas cada minuto conta quando se tem pouco tempo para conhecer tantos lugares.

Nesse dia decidi descansar – os pés já reclamavam outra vez. Cheguei no hotel no finalzinho da tarde, começando a escurecer. E por falar em hotel, posso resumir essa experiência como a pior que já tive! Mesmo considerando todas as hospedagens dessa e de todas as outras viagens que já realizei.

Ponto positivo: o preço. É bem verdade que, nessa época, sem conhecer muitas coisas, priorizava o preço baixo. Foi válido, não posso mentir. Consegui fazer muitas coisas gastando, relativamente, pouco. Mas conforme aumentei o ritmo das viagens percebi que conforto é fundamental. Pontos negativos: longe da estação de metrô – mais de um quilômetro – de restaurantes, de mercados, com um banheiro apertado, cama desconfortável e, para piorar, brigas intermináveis no corredor todas as noites. Já ouviu aquele ditado: "o barato pode sair caro"? Pois então, não só ouvi como vivi muito bem.

Deixei as malas no quarto e saí em busca de algum lugar para comer, foi quando descobri que tudo era longe. Queria muito saber quem teve a "brilhante" ideia de abrir um hotel em uma área totalmente residencial.

13º DIA
09 DE JANEIRO DE 2018

Mas estava em Roma! Isso é o que importava. E já iniciei bem o dia seguinte, começando com o marco número um. Mesmo com uma garoa que me acompanhou todos os dias na cidade, não fiquei com preguiça de ir para a rua logo cedo. Com poucas linhas de metrô, e estações também bastante escassas, logo estava deixando a Termini e caminhando por uma rua que me deixaria de queixo caído instantes mais tarde.

Imagine a seguinte cena: você está andando, despretensiosamente, pensando na vida, admirando a paisagem quando, de repente, dobra a esquina e se depara com o Coliseu. Sinto um arrepio só de lembrar! Acho que jamais conseguirei me esquecer daquele momento tão especial, tão único! Um lugar com tantas história bem ali, na minha frente, se aproximando a cada passo. Sua grandiosidade é inexplicável.

Depois de perder alguns minutos observando e me deixando levar por um filme que passava somente em minha cabeça, me recordando de como havia chegado até ali, desci uma escada e fui até um local onde encontrei uma fila. Não muito tempo depois já estava na bilheteria, trocando o ticket que havia comprado pela internet, recebendo o ingresso físico, um guia em áudio, e tendo o acesso liberado. Um lance de escada acima e estava dentro do Coliseu.

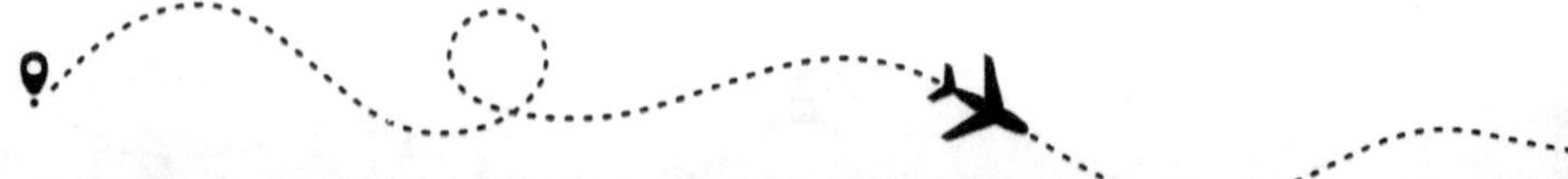

Uma das minhas prioridades da viagem. Sempre tive interesse em visitar o Coliseu e apreciar sua arquitetura, mesmo que as multidões fossem pesadas e difíceis de administrar – e nem foi dessa forma. Extremamente tranquilo para se caminhar, com um número bastante reduzido de visitantes.

A primeira coisa que fiz ao entrar foi aprender mais sobre ele. Um pequeno museu foi instalado no lugar justamente com o propósito de elucidar os fatos históricos, mostrando tudo o que acontecia durante o Império Romano: lutas de gladiadores, espetáculos e outros tipos de entretenimento. Encontrei, até mesmo, uma lista com o nome de todos os filmes que tiveram o Coliseu como cenário. Do museu fui para o seu interior, lugar idealizado para ser um anfiteatro, onde mais de meio milhão de pessoas e mais de um milhão de animais foram mortos e, ao mesmo tempo, foi fortemente danificado por um terremoto e muitas de suas pedras desmoronadas serviram de estrutura para construir igrejas, hospitais e outros edifícios em toda a Itália.

A visita ao Coliseu se complementa com o que vem a seguir. Ao adquirir seu ingresso, o visitante também tem acesso a outros dois lugares bem próximos: Fórum Romano e Monte Palatino. Preferi focar no primeiro apenas.

O Fórum Romano é um importante e antigo complexo governamental que abrigava um fórum regular de grande importância e vital para a história romana. O que mais me surpreendeu ao visitar as ruínas foi ver o tamanho da área e como um governo organizado prosperou há tanto tempo, quando mal prosperava nos tempos modernos. Cada edifício do Fórum tinha um propósito único e também achei isso muito interessante. O Fórum Romano era o local mais popular de Roma para os residentes, pois eles podiam ver as eleições, julgamentos e muitos eventos sociais que ali eram realizados. Durante minha visita eu inter-

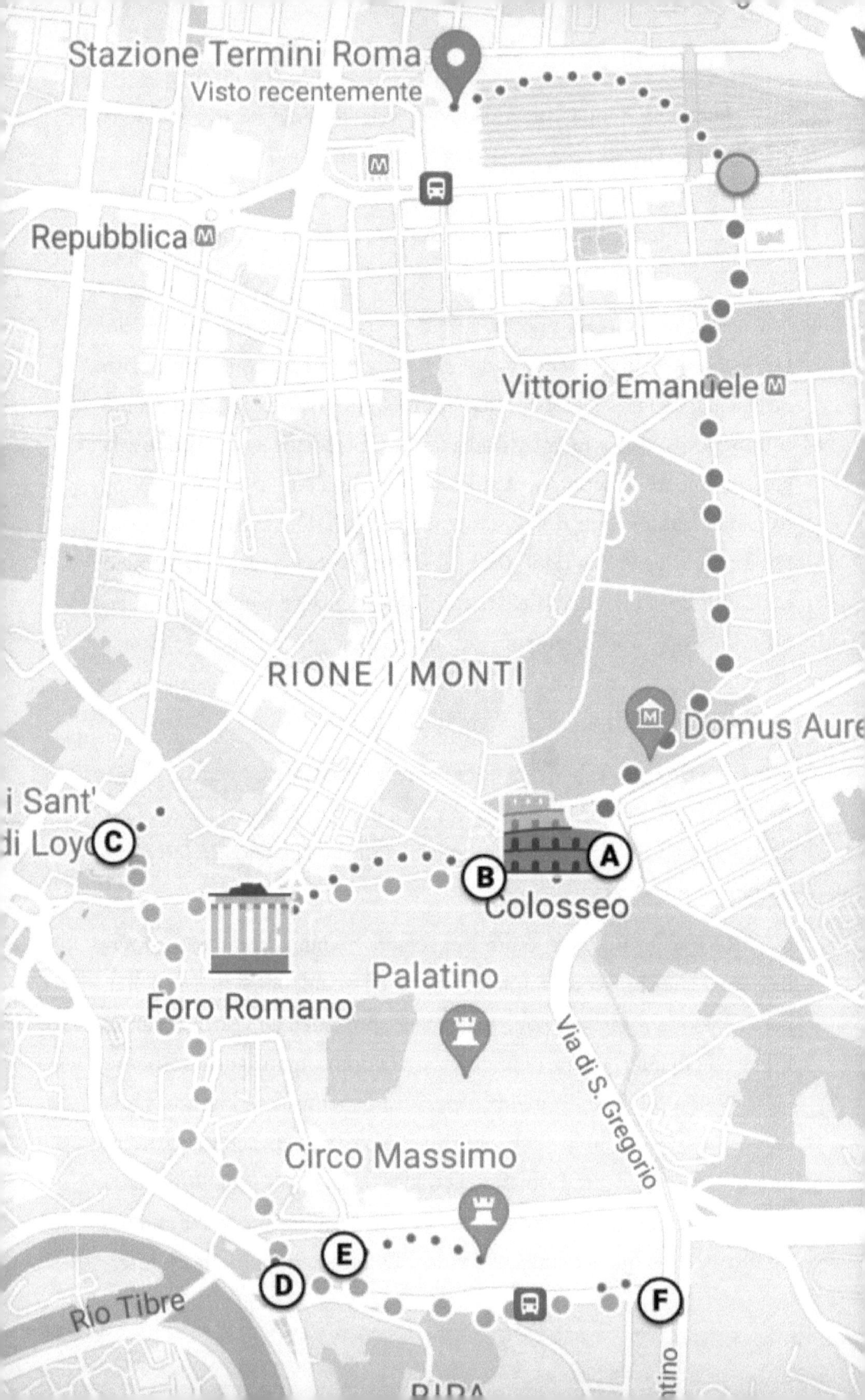

Stazione Termini Roma
Visto recentemente
Repubblica M
Vittorio Emanuele M
RIONE I MONTI
Domus Aure
i Sant'
di Loyo
C
B
A
Colosseo
Foro Romano
Palatino
Via di S. Gregorio
Circo Massimo
E
D
F
Rio Tibre
tino

rompia a caminhada a cada dez passos, porque cada placa me fornecia detalhes perspicazes sobre o que era cada edifício – com a informação em inglês, é claro, mas consegui entender uns 70%. Além disso, se trata de uma caminhada longa, com muito sobe e desce, pedras pelo chão etc. Lembre-se que é o que restou do lugar!

Saindo do Fórum Romano pelo lado próximo ao Monumento de Vittorio Emanual, estava muito perto da Coluna de Tróia e dos mercados de Tróia. O Mercado de Trajano é um grande complexo de ruínas, mas dá uma boa ideia de como funcionava a cidade de Roma. Os principais produtos vendidos no mercado teriam vindo de todo o império e incluíam frutas, legumes, peixe, vinho e óleo.

A Coluna de Trajano é um dos marcos monumentais mais distintos que sobreviveram, datando do século 2. Seus detalhes contam a história das batalhas na Dácia, hoje Romênia. Se você já assistiu ao filme A Princesa e o Plebeu, vai encontrar uma referência nessa região, a "Bocca della Verità". Essencialmente, uma máscara de mármore em uma parede que, segundo a lenda, vai morder sua mão se você contar uma mentira. Tudo bem, é apenas uma lenda, mas um ótimo lugar para tirar uma foto.

E depois de mais alguns minutos de caminhada, uma grande área como atração somente histórica, sem muito o que apreciar, apenas um lugar para se caminhar: o Circo Máximo. Um local bastante simbólico para os habitantes da capital italiana, que aqui se encontram para grandes concertos (Genesis, Rolling Stones, Bruce Springsteen), festivais, sessoes de cinema ao ar livre e grandes encontros populares. Os romanos comemoraram a vitória da Itália na Copa do Mundo de 2006 no Circo Máximo! Entretanto, apesar do nome "circo", na Roma Antiga um circo era um vasto estádio semelhante a um hipódromo, onde se organizavam vários jogos, corridas e cortejos. Tudo o que resta do mítico estádio romano é uma vasta extensão gramada pontilhada com alguns restos de arquibancadas. Mas a forma da pista ainda é perfeitamente perceptível e nos permite imaginar a imensidão do estádio na Antiguidade.

No meio do passeio, infelizmente, a chuva que já vinha me acompanhando desde Barcelona resolveu dar as caras novamente. Como não se tratava de uma garoa apenas, fiquei só alguns minutos no Circo Máximo e fui embora. O ponto forte do dia, sem dúvida, foi o Coliseu. A primeira das sete maravilhas do mundo moderno que conheci.

14º DIA
10 DE JANEIRO DE 2018

E dessa vez o tempo estava bom! Sem chuva, com sol e não estava muito frio. Único momento ruim foram os primeiros minutos da manhã, após deixar o hotel, enquanto estava no metrô: muito cheio. Sinceramente, eu tive uma experiência tão boa utilizando o transporte na Espanha que acreditei se tratar de um "padrão europeu". Estava enganado. A estrutura em Roma era outra.

Embora menos repleto de atrações tradicionais do que em outros lugares, dediquei esse dia a conhecer o norte da cidade. O ponto de partida óbvio foi Villa Borghese, um atrativo parque que conta com o zoológico da cidade, uma moderna galeria de arte e um impressionante museu entre suas inúmeras atrações. Locais, turistas, corredores, diferentes tipos de pessoas aproveitando as primeiras horas da manhã no mais célebre parque de Roma, que abrange cerca de 80 hectares de clareiras arborizadas, jardins e margens gramadas. Mas seu grande

destaque é o Museo e Galleria Borghese, um dos principais museus de arte de Roma.

O acervo do museu foi formado pelo cardeal Scipione Borghese (1579-1633), o mais experiente e implacável colecionador de arte de sua época. O lugar está dividida em duas partes: o térreo com esculturas, piso romano, mosaicos e afrescos; e a galeria de fotos no andar de cima.

Bem próximo a uma das saídas do parque, o suntuoso palácio Villa Medici. Não o conheci por dentro, mas descobri que as visitas guiadas incluem, além de alguns aposentos, os maravilhosos jardins paisagísticos – melhor aproveitado na primavera, eu acredito – e uma incrível vista sobre Roma.

Subindo um pouco pela avenida, cheguei ao portão norte da Porta del Popolo, a antiga entrada da cidade velha. No instante em que passei por baixo do alto portão, encontrei uma enorme praça aberta dominada pela Fontana de Leoni – Fonte do Leão. Ao centro, um obelisco de 2000 anos, originalmente do Egito – e existem mais alguns em Roma. Os leões na fonte também têm cerca de 3000 anos.

E por falar em fontes, a água em todas as fontes públicas de Roma é sempre potável e é o legado deixado pelos romanos. Eles eram engenheiros excepcionais que projetaram aquedutos – sistemas de tubulação de água – para trazer água doce para Roma. E ainda funciona!

Olhando ao redor da praça, do lado direito mais especificamente, é possível observar uma estátua com um tridente – Netuno, o Deus Romano dos Mares. E no lado esquerdo desta enorme praça, em direção a jardins frondosos na colina, algumas estátuas baixas e, uma delas, a estátua da loba amamentando dois bebês. Este é um dos lugares em Roma onde a história de Remo e Rômulo é retratada.

Os jardins verdejantes são conhecidos como Jardins do Pincio, com um agradável terraço. Embora não estivessem tão verdejantes

Flaminio
B
Viale Giorgio Washington
asilica Parrocchiale
ta Maria del Popolo
Viale del Muro Torto
za del Popolo
Fontana de
C
E
Hotel de Russie
Fontana de
D
Passeggia
Via Margutta
Giardino Villa Medici
Canova Tadolini
oleo di Augusto
Villa Medici
A
Pompi Tiramisù
Pesciolino
Bem avaliados

quanto gostaria, ainda tinham sua beleza. Não tive a oportunidade de passar por ali no final do dia, mas acredito que seja um excelente lugar para apreciar o pôr do sol.

No lado sul da Piazza estão as igrejas gêmeas de Santa Maria in Montesanto e Santa Maria del Miracoli, situadas em ambos os lados da Via Corso. Não me tardei muito no lugar e já me despedi da Piazza del Popolo.

Da Piazzale Flaminio, ao lado de onde estava, um bonde sobe pela Via Flaminia. Continuei subindo a rua até chegar a Ponte Milvio, uma bela passarela e cenário de uma antiga batalha romana. Sobre o rio, Piazzale Ponte Milvio é um ponto de encontro favorito, percebi os restaurantes muito movimentados e, aparentemente, frequentados pelos moradores abastados da região – muito mais do que turistas.

A leste da Villa Borghese, a Via Salaria, a antiga estrada de venda (sal), passa por um residencial e Distrito comercial. Ao norte, o parque Villa Ada se expande enquanto, ao sul, a Via Nomentana atravessa grandes áreas de habitação enquanto se dirige para fora da cidade.

Resumidamente, uma região bastante diferente de tudo o que vi no dia anterior e – ainda não sabia – também diferente daquilo que ainda veria. Se trata de uma divisão bastante explícita, economicamente falando.

Manhã e tarde muito bem aproveitadas, era a hora de descansar. A essa altura não sentia mais dores nos pés, o corpo já havia se acostumado com a nova realidade, mas ainda não me sentia confortável para continuar na rua, sozinho, durante à noite.

Musei Vaticani
Visto recentemente
Ottaviano
Museo Pio-Clementino
Via Catone
A
Obelisco di
an Pietro
del
ano
ero
siæ
COIN EX
Terrazza Les
Étoiles Roma
cia
sità
ana
RIONE XIV
BORGO
Domus Alberico
Bem avaliados
egio Pontificio
America
Castel Sa
C
te Sant'Ange

15º DIA

11 DE JANEIRO DE 2018

Infelizmente, o dia seguinte começou um pouco caótico. O metrô estava em manutenção, ou algo do tipo. No ponto de ônibus, filas enormes para conseguir entrar em um. Problemas de uma cidade grande que não imaginei que encontraria por lá. Mas acontece.

Fiquei alguns minutos na fila, mas então me recordei que não estava preparado para utilizar o ônibus. Não sabia qual linha pegar, muito menos o local que deveria descer. O hotel estava longe para eu caminhar até lá, utilizar a internet, e depois voltar. O jeito seria caminhar, enquanto ainda não estava chovendo. Mas não estava muito distante. Observei no mapa que a região onde estava hospedado está localizada atrás da Cidade do Vaticano, onde seria o roteiro do dia. Em poucas palavras, a Cidade do Vaticano é um país dentro da cidade de Roma. É tão pequeno que é possível atravessá-lo em apenas alguns minutos. E mais do que isso, é o centro da fé católica romana. Para mim, quatro pontos eram os principais: os Museus do Vaticano, Capela Sistina, Praça de São Pedro e a Basílica de São Pedro.

Os Museus do Vaticano são considerados uma das maiores coleções de arte do mundo, então já estava preparado para me surpreender! Os destaques incluem as Salas Raphael, das Tapeçarias e a dos Mapas. Me lembro de ter visto vários grupos fazendo a visita com guia, e hoje penso que faria o mesmo. A experiência de se ter alguém que conhece o lugar torna a visita completa! Infelizmente não tinha esse conhecimento na época, então fui caminhando sozinho por seus corredores.

Os Museus do Vaticano também abrigam a Capela Sistina, cujo teto é o destaque absoluto para muitos visitantes. Pintado pelo jovem

Michelangelo, que passou quatro anos decorando o teto com afrescos. Mais tarde, voltou a pintar o Juízo Final na lateral da capela – tão impressionante, considerando que ele era um escultor, não um pintor. É impossível esquecer esta obra-prima! A Capela Sistina também é onde acontece o conclave – quando os cardeais elegem um novo papa. Para a tristeza do turista, que aprecia e registra tudo, nesse local não são permitidos nenhum tipo de registro. Eu vi, até mesmo, seguranças obrigando turistas a apagarem fotos da galeria do celular.

Descendo um pouco pela rua lateral do Museu encontrei a Praça de São Pedro, única praça da Cidade do Vaticano. Lugar onde os fiéis costumam se reunir quando o papa celebra a missa. A Praça foi projetada por Bernini e, claro, a entrada é gratuita – após passar por um sistema de segurança, com detectores de metais e muitos olhares suspeitos. No interior da praça, a Basílica de São Pedro, a enorme igreja dedicada a São Pedro. A entrada também é gratuita, mas a fila estava muito longa. Vou deixar uma dica que soube depois: se você estiver visitando os Museus do Vaticano, pode pular a fila saindo dos museus diretamente para a basílica. O principal destaque da igreja inclui a estátua Pietra de Michelangelo e a incrível Cúpula, que também foi projetada por Bernini.

A essa altura, percebi que escolhi visitar os lugares de forma independente e acabei perdendo muito tempo em filas, além de ter uma experiência mais limitada. Se o metrô estivesse funcionando, teria iniciado o roteiro mais cedo.

Depois de terminar a manhã – e início da tarde – na Cidade do Vaticano, desci em direção ao Castelo Sant'Angelo, uma fortaleza que remonta ao ano de 139 d.C. Foi construída pelo imperador Adriano, cujo corpo repousa no lugar. Abriga o Museu Nazionale di Castel Sant'Angelo e sua grande coleção de esculturas, pinturas e armas de

fogo medievais. O topo do castelo proporciona uma vista incrível! A ponte em frente à fortaleza é a Ponte Sant'Angelo e oferece vistas realmente bonitas da fortaleza e, continuando por esse caminho, logo chegaria à Piazza Navona — mas essa só entraria no roteiro do dia seguinte.

16º DIA

12 DE JANEIRO DE 2018

O roteiro desse último dia por Roma foi, na verdade, idealizado para o meu primeiro contato com a cidade, se não fossem as horas perdidas no aeroporto e o tempo fechado no dia que cheguei. Lembro que estava tudo cronometrado e só precisaria de cerca de quatro horas para seguir o itinerário desta rota a pé da Piazza del Popolo à Piazza Navona, com um complemento para ver o exterior do Coliseu.

A estação de metrô mais próxima do início do roteiro é Flaminio — e nesse dia tudo funcionava normalmente. Segui em direção à Escadaria Espanhola, que fica a cerca de 10 minutos, caminhando pela Via del Corso, uma famosa rua comercial — me lembrei da Gran Via, em Madrid. Virei à esquerda na Via dei Condotti e a paisagem mudou, uma rua histórica com algumas lojas de luxo, e o Caffè Greco, o café mais antigo de Roma, fundado em 1760 por um grego — daí o nome. Não parei, apenas continuei na rua para chegar ao próximo local, que era a Piazza Spagna, uma praça movimentada dominada por outra fonte, Fontana della Barcaccia, desta vez em forma de barco! Foi projetado por Pietro Bernini. Vi muitas pessoas enchendo suas garrafas de água, o que comprova sua boa qualidade.

Esta é a praça espanhola, e a Escadaria Espanhola à sua frente, pois ela conecta a praça com a Trinita dei Monti — Igreja da Santíssima

IONE
I PRATI
Flamini M
Villa Borgh
Visto recentem
t'Angelo
Scalinata di
Trinità dei Monti
A B
Po
LU
Zara
MUNICIPIO
ROMA I
F E
D
C
TREVI
Pantheon
i
Foro Romano
G
Colosseo
Circo Massimo

Trindade – razão pela qual a Escadaria Espanhola foi construída no século 18. Caminhando por esta icônica escadaria barroca, chegaria à igreja. Uma vista incrível da praça assim que subi os 174 degraus até o topo! E descobri o porquê as escadas são chamadas de Escadaria Espanhola – uma resposta rápida para isso. A Embaixada da Espanha foi localizada na praça e essa, por sua vez, recebeu seu nome, simplesmente. Da Praça de Espanha nasce a Escadaria de Espanha.

A partir daqui, continuei em direção à famosa Fontana di Trevi. Existem vários caminhos até lá – o lugar parece um labirinto. A maneira mais fácil seria caminhar da Praça da Espanha em direção à Coluna da Virgem Maria em frente à embaixada espanhola. Continuei na Via di Propaganda, que se transforma em Via di Sant'Andrea delle Fratte e Via del Nazareno, depois atravessei a rua principal Via del Tritone para pegar o pequeno beco Via della Stamperia que me levou direto à praça com a Fontana di Trevi. Imagine percorrer todo esse trajeto sem o mapa no celular? Acho que jamais arriscaria!

Este é, sem dúvida, um dos marcos mais conhecidos de Roma. O roteiro ficaria incompleto se não incluísse a Fontana di Trevi, a maior fonte barroca da cidade. Agora, antes de tudo, esteja preparado para o quão cheio este local pode estar. A fonte está localizada em uma pequena praça, cujo nome vem de "TRE VIA" que significa "três estradas", que costumavam se encontrar ali.

Originalmente havia um aqueduto romano, uma antiga fonte de água. É possível ver a história da fundação do aqueduto na fonte de hoje. Mais tarde, por volta de 1700, o papa contratou o arquiteto Nicoli Salvi para construir uma fonte. O dinheiro para financiar isso veio do imposto sobre o vinho. Concluída em 1762 – levou cerca de 30 anos – a fonte ficou simplesmente incrível, e conta uma história: a figura central é "Oceano" andando em uma carruagem puxada por dois cavalos-marinhos e dois tritões. Os dois cavalos representam as diferentes vidas do oceano, uma calma e pacífica, a outra perigosa e poderosa. O nicho da esquerda contém uma estátua da Abundância e o relevo acima dela ilustra Marcus Agrippa comandando seus generais para construir o aqueduto durante a época romana. A estátua da Saúde fica no nicho direito. Ela está coroada com uma coroa de louros e segurando um copo no qual uma cobra bebe. O relevo acima dela apresenta uma Virgem mostrando aos soldados a fonte de água quando o primeiro aqueduto estava para ser construído.

Agora, existem algumas lendas quando se trata de jogar a moeda na Fontana di Trevi – o que muitos turistas fazem: a primeira moeda é para se fazer um desejo; a segunda garante a você um retorno seguro a Roma; e a terceira moeda significa que você vai se casar em breve ou se apaixonar por um italiano.

Todas as moedas jogadas na fonte são recolhidas e doadas para instituições de caridade. A Fontana di Trevi costumava arrecadar até 3000 euros diariamente, em especial nos movimentados dias de verão. Da Fontana di Trevi, continuei na Via delle Muratte e segui em frente por cerca de dez minutos até chegar a uma praça aberta com o Panteão.

O Panteão é o monumento romano antigo mais bem preservado de Roma, além de ser uma visita dita como obrigatória em qualquer roteiro. Originalmente construído por volta do ano 27 a. C, por Marcus Agrippa, o edifício levou sete anos para ser levantado e sua construção foi única. As paredes têm seis metros de espessura e a disposição dos tijolos é construída em arcos. Esses arcos atuam como contrafortes internos, distribuindo o peso da cúpula. O diâmetro dessa cúpula é igual à sua altura, 43 metros. Há um buraco de nove metros de diâmetro no topo da cúpula. Costumava ser um templo dedicado aos deuses roma-

nos, mas foi transformado em igreja mais tarde, o que provavelmente é a principal razão pela qual esteja em tão bom estado.

O Panteão é realmente uma estrutura maravilhosa de se ver de fora, mas foi preciso recuar ainda mais na praça para poder ver a cúpula. Mas o mais importante foi conseguir entrar. A entrada é gratuita e, só então, pude realmente apreciar o tamanho deste lugar.

De volta à praça, continuei andando até cruzar a estrada principal com uma entrada óbvia para a Piazza Navona, uma das praças mais bonitas da cidade, repleta de fontes de palácios barrocos e muitos artistas de rua. Nesse horário, já final de tarde, estava especialmente agradável.

Uma de suas fontes, que muito me chamou a atenção, é A Fonte dos Quatro Rios – Fontana dei Quattro Fiumi. Os rios representam os quatro cantos do mundo, Nilo, Ganges, Rio de la Plante, Danúbio. Cada um dos rios é representado por uma escultura diferente. Há uma lenda sobre a fonte: diz-se que Bernini não gostou do designer da Igreja Sant'Agnese in Agone, que fica ao lado da fonte. É por isso que a escultura que representa o Rio de la Plante tem um braço levantado protegendo os olhos da visão da igreja. Acredita-se que Bernini temia que a igreja desabasse. No entanto, isso é apenas uma lenda, pois a fonte foi construída antes da igreja.

A entrada da Igreja de Saint'Agnese também é gratuita, então é mais um ponto interessante para se aproveitar. Há também duas outras fontes menores em cada extremidade da praça, que está repleta de restaurantes, mas há principalmente armadilhas para turistas – preços muito altos. Então, assim como em outros lugares, vale caminhar um pouco mais em busca de algo com um preço melhor, nesse caso por uma das ruas menores ao lado da igreja da praça, onde é possível encontrar restaurantes nas ruas secundárias.

E com o dia começando a escurecer, caminhei até o Coliseu. Uma caminhada agradável de 20 minutos. Bastou seguir até a Piazza Venezia para conseguir apreciá-lo pela última vez, agora iluminado, já com a noite se aproximando.

17º DIA
13 DE JANEIRO DE 2018

Dia de ir embora se transformou em sinônimo de acordar muito cedo. Aprendi, na prática, que isso não é bom. Enquanto fechava as malas percebi que já estava na metade da viagem. Por mais que soubesse da quantidade de coisas que já havia feito, a sensação é de que o tempo estava passando rápido demais!

Do hotel até o aeroporto, cerca de uma hora de viagem, somando tempo de caminhada, metrô e trem. E na estação Termini, enquanto retirava o bilhete do trem na máquina, uma interação inesperada. Um senhor me abordou perguntando como eu havia conseguido "dominar" a máquina, falando comigo em espanhol. Consegui mostrar como trocar o idioma no visor e fazer o passo a passo até obter a passagem. Fiquei feliz ao ver a sensação de alívio dele e, mais ainda, por ter conseguido ajuda-lo.

No aeroporto, novamente com a Vueling, check-in feito, malas despachadas, tempo de espera – entediante – superado, hora de embarcar. Dessa vez, já entrei no avião com fome. Não consegui tomar café da manhã no hotel pelo horário, que não serviam antes das 7 horas, mais um ponto negativo. Então resolvi gastar uma pequena fortuna dentro do avião, momentos depois da decolagem. No entanto, para a minha surpresa, não foi um gasto tão alto como imaginava. Um san-

duíche quente e uma lata de refrigerante me custaram pouco mais de 10 euros, em uma época na qual o euro estava abaixo dos 4 reais. Pode parecer muito fazendo a conversão, mas se tratando de Europa foi um gasto baixo.

O voo duraria cerca de três horas. Satisfeito com o lanche, ainda consegui cochilar por quase duas horas. Acordei na tentativa de compreender o que o piloto falava – em um inglês com sotaque italiano. Desisti, mas entendi que estávamos aterrissando.

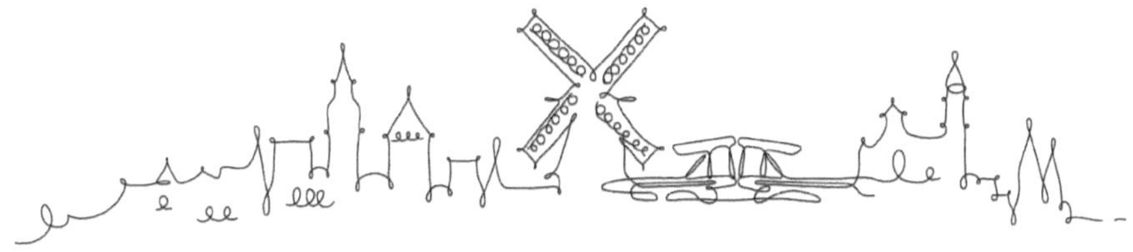

AMSTERDAM

Dessa vez fui mais esperto e não dei bobeira andando desgovernado pelo aeroporto. Consegui deixar a área de desembarque pouco tempo depois, já com as malas sendo arrastadas ao meu lado.

O trajeto até o hotel seria rápido, mas antes de deixar o terminal precisaria encontrar o escritório da I Amsterdam City Card, um cartão magnético que utilizaria no transporte e nas atrações pela cidade. Como já sabia, mais ou menos, o local no aeroporto onde estava a loja, não demorei muito para encontrá-la. Alguns panfletos em uma prateleira me ajudariam a explicar, no balcão, qual o tipo de cartão que precisava – que são vendidos de acordo com o tempo de uso.

Apresentei o folheto para a atendente, apontei o de 96 horas e informei que gostaria de um, utilizando todas as dez palavras em inglês que conhecia. Ela entendeu o que eu desejava, retirou um envelope vermelho bonito da vitrine, abriu e, antes de começar a me explicar a funcionalidade – que eu já havia pesquisado, é claro – perguntou se eu falava inglês. Eu respondi que não, é claro, mas deixei claro que conseguia entender o que ela estava falando. Para a minha sorte, o inglês dos holandeses é perfeito, extremamente limpo, então a compreensão era muito mais fácil do que foi na Itália. Realmente consegui entender tudo o que ela me disse.

Deixei a loja, desci as escadas em direção à entrada do terminal e encontrei as máquinas amarelas, onde deveria comprar um bilhete para o trem. O I Amsterdam City Card serve para todos os transportes da cidade, de forma ilimitada pelo tempo adquirido, com exceção do trem que liga o aeroporto ao centro. Foi o único gasto extra que tive.

Cerca de 20 minutos depois já estava deixando a estação mais próxima do hotel. Todo o processo foi muito rápido! Sem atrasos, sem erros, bastante tranquilo. Mais alguns minutos de caminhada e já estaria na porta do hotel. O único contratempo foi o GPS do celular, que aparentava estar desregulado. Eu caminhava para um lado e ele indicava outro. Atribuí isso ao fato de não ter internet, mas até hoje não sei a verdadeira razão. Percebi o problema, mas logo encontrei a rua certa. No saguão do hotel fui informado que não poderia fazer o check-in antes das 15 horas, mesmo faltando 30 minutos somente. Sentei e esperei, aproveitei o tempo para descansar.

Com o check-in feito, começou a saga de descobrir onde ficava o quarto. Na recepção fui informado que o hotel estava em reforma – por ser mês de baixa temporada, isso acontece com bastante frequência – e que, por essa razão, o elevador iria até um determinado andar somente. O restante do caminho precisaria ser feito pelas escadas. Até aí, sem problemas. Entrei no elevador, que me deixou no quarto andar. O meu quarto estava no quinto andar. Pelas paredes haviam folhas indicando com flechas alguns números de quartos. Segui o que correspondia ao meu e me deparei com um verdadeiro canteiro de obras: muita sujeira, sacos com entulho, e uma escada de madeira, improvisada, no meio do corredor, para acessar o piso superior. A cada degrau que subia algum lugar da escada rangia. Me lembrei do hotel em Roma e já estava me preparando para o pior.

No final da escada, à direita, meu quarto era a segunda porta. Respirei fundo antes de abrir a porta e me surpreendi: um quarto extremamente organizado, limpo e muito grande! Tinham duas camas

tamanho Queen e muito espaço. O banheiro, não muito diferente, bastante espaçoso também. Por um momento até me esqueci do canteiro de obras do outro lado da porta. Deixei as malas em um canto e logo peguei o celular. Precisaria fazer duas coisas importantes nas próximas horas: encontrar algum mercado para comprar água e alguns lanches para o dia seguinte, e descobrir o endereço de alguma lavanderia – a última vez que consegui lavar as roupas foi no dia em que cheguei à Barcelona.

O mercado estava mais fácil, tinham dois a uma quadra do hotel. Fui no primeiro, um Albert Heijn, rede de supermercados considerada como a mais tradicional da Holanda. O lugar não era muito grande, então rapidamente peguei tudo o que precisava e fui para o caixa. A atendente passou item por item, eu fui guardando na mochila e, na hora de pagar, apresentei o cartão e ela disse alguma coisa que eu não entendi, pois estava se comunicando em holandês, é claro. Acreditei que o problema fosse o cartão, então peguei outro e mostrei à ela. Ainda estava errado. Dessa vez, enquanto falava ela me apontou uma folha que estava no caixa. Foi quando percebi que ali não aceitavam pagamento com cartão, apenas dinheiro. Como eu iria imaginar? Paguei e fui embora constrangido, já com uma fila se formando atrás de mim. Pesquisei depois sobre a situação e descobri que essa rede de supermercados somente aceita pagamento com cartão de débito de contas holandesas e em apenas algumas lojas perto de pontos turísticos, aceitam outros cartões.

De volta ao hotel, pesquisei por alguma lavanderia semelhante a que eu havia utilizado em Barcelona. Não encontrei. Pelo menos não próximo de onde eu estava. O jeito foi ir a uma lavanderia tradicional. Enchi a mochila com as roupas, coloquei nas costas e saí pela rua, desta vez para o lado oposto do supermercado. Esse sim considero ter sido o primeiro contato com a cidade.

Amsterdam é um lugar bastante peculiar, e me chamou muito a atenção. Caminhava por aquelas ruas estreitas, de casas altas, com o padrão de janelas que não encontrei em outro lugar. Pessoas passeando de bicicleta, o bonde – ou melhor, o Tram – indo de um lado ao outro, as pontes que cruzam os típicos canais, o chão meio escorregadio com o gelo ainda da manhã. Não nevava, mas fazia muito frio pelo horário. Foi o lugar com as temperaturas mais baixas que enfrentei ao longo da viagem.

Depois de uns 15 minutos de caminhada, cheguei ao endereço da lavanderia. Um lugar grande, com uma fileira de máquinas de lavar de um lado e do outro duas secadoras enormes, e um cheiro de sabão no ar. Uma senhora simpática me atendeu e, com muita dificuldade, perguntei o valor cobrado para lavar a quantidade de roupa que tinha. Ela me perguntou se também desejava utilizar a secadora. Respondi que sim e ela me informou o valor final. Foram 6 euros para todo o serviço, incluindo os produtos que ela mesma colocou na máquina. Como não tinha muito o que fazer, sentei em uma cadeira próximo a entrada e esperei. Intermináveis 40 minutos depois eu estava devolvendo as roupas para a mochila e voltando ao hotel. Já estava escuro, mas o movimento nas ruas ainda era grande. Nessa noite dormi muito bem e, finalmente, consegui deixar para trás todo o transtorno do hotel em Roma.

18º DIA

14 DE JANEIRO DE 2018

Os dias em Amsterdam foram frios, chuvosos e curtos – nessa época do ano, o dia amanhece mais tarde e anoitece mais cedo. Iniciei na Dam Square, a principal praça da cidade. Do hotel até lá foram

alguns minutos de Tram, o bondinho que circula pela cidade, sendo o transporte mais comum do lugar, depois da bicicleta, é claro. Assim que passei o I Amsterdam City Card no leitor, o tempo de uso começou a contar, mesmo tendo comprado no dia anterior.

Caso esteja mais próximo do centro e prefira caminhar, a Dam Square fica a 10 minutos da estação Amsterdam Centraal, pelas ruas Damrak ou Nieuwendijk. Senti falta do inglês nesses dias. Achei extremamente difícil lembrar desses nomes.

Na Praça Dam passei algum tempo visitando o Monumento Nacional, a Igreja de Nieuwe Kerk e o Palácio Real de Amsterdam que você realmente deveria visitar! A antiga Câmara Municipal, que se tornou residência real, hoje conta com um museu. Lá é possível admirar móveis de época, além de inúmeras pinturas e esculturas. A entrada no palácio não está inclusa no City Card, então é necessário adquirir o ingresso com antecedência.

Depois do Palácio Real, eu tinha duas opções para a próxima parada: o Amsterdam Dungeon ou o Amsterdam Museum. Ambos estão localizados a menos de 5 minutos de caminhada da Praça Dam. Minha escolha foi o The Dungeon, que é uma experiência única onde o visitante pode descobrir uma das partes mais sombrias da história da Holanda na forma de produções encenadas com atores em trajes de época. Durante o espetáculo de 1h15, o visitante pode ser convidado a juntar-se e a participar em várias cenas, como uma bruxa a arder na fogueira ou um julgamento durante a inquisição espanhola. Todas essas informações estavam em um folheto que consegui no local, única coisa que consegui tirar de lá. Por ser baixa temporada, não haviam espetáculos em janeiro. A opção então foi ir ao museu. Em estilo mais clássico, mas ainda em sintonia com a história da cidade, o Amsterdam Museum

Amster
Sexmuseum Amsterdam
Primark
De Oude Kerk
Dam
Visto recentemente
F
DE WALLEN
Begijnhof
E
B
Nieuwmarkt M
M
D
rkt
Rokin
C
M/
Museum Rembrandthui
Temporariamente fechado
JODENBUU
Waterlooplein M
Waldorf Astoria
Amsterdam
Bem avaliados
A
Magere Brug
Witten

é uma ótima maneira de aprender sobre os 1000 anos de história da capital holandesa! A entrada está inclusa no Amsterdam City Card.

Depois de passar a manhã fria dentro dos lugares, continuei com um passeio a pé pela cidade. Não muito longe do Dungeon e do museu, um dos pátios internos mais antigos da cidade, o Béguinage. As casas dessa região já foram habitadas por uma comunidade de mulheres chamadas Béguines, daí o nome. Aqui também está a última casa de madeira de Amsterdam. Esse tipo de habitação passou a ser estritamente proibida, devido ao alto risco de incêndio.

Perto de onde estava existe um outro ponto popular que tinha lido a respeito, o mercado de flores, ou Bloemenmarkt. O mercado das flores está localizado nas margens do canal, a apenas 5 minutos a pé do Béguinage. Como o nome sugere, encontrei muitas flores aqui, especialmente tulipas, a flor icônica da Holanda. Mesmo assim, não foi um passeio tão atrativo. Faltaram as cores da primavera das fotos que encontramos na internet. Mas foi possível ter um panorama geral. Há também lojas que vendem souvenires como cartões postais, ímãs e, claro, os tradicionais tamancos de madeira – comprei alguns no mesmo formato, bem pequenos, mas em porcelana. Certamente é possível encontrar algo aqui para levar para casa – mas tome cuidado com os exageros!

Segui caminhando ao longo do canal Kloveniersburgwal por 10 minutos, até chegar à igreja Zuiderkerk. Continuei o passeio até passar pela praça Nieuwmarkt, facilmente reconhecida graças ao "The Waag", um edifício que parece um pequeno castelo localizado no centro da praça – chama muito a atenção. Na verdade, é a antiga porta de entrada da cidade, hoje convertida em café e restaurante. Ao norte da praça, está o pequeno bairro de Chinatown em Amsterdam, mas não fui até lá.

Próximo dali, hora de visitar o ponto mais badalado da cidade: o famoso Red Light District – comumente conhecido por bairro da luz vermelha, em português. Você provavelmente já ouviu falar deste bairro, famoso principalmente por suas prostitutas sentadas atrás de vitrines de fachadas vermelhas. Sim, a prostituição é totalmente legal em Amsterdam, são trabalhadores que pagam impostos como o resto da população. Importante: observe que não é permitido tirar fotos nessa região. Há várias placas informando. Para saber mais sobre a história do bairro e se aprofundar no assunto – não, não é o que você está pensando – é possível fazer uma visita guiada ao Red Light District. Na época não contratei um guia, pois não havia nenhum que fizesse o tour em espanhol ou português. Por essa razão, é importante agendar com antecedência.

O Red Light District também abriga a igreja mais antiga de Amsterdam: Oude Kerk, construída em 1300. A entrada na igreja custa 15 euros – não entrei. O motivo: pesquisei e descobri que é um pouco caro, considerando que o interior não é muito especial. Na verdade, o visitante paga principalmente para ver uma exposição de arte contemporânea. Com esse valor daria para comer cinco hot dogs enormes, iguais aos que a gente vê em filme! Muito bom por sinal. E fácil de se encontrar, em vários carrinhos pela cidade. Por outro lado, vale a pena admirar a arquitetura exterior de Oude Kerk, com seus tijolos vermelhos e grandes vitrais.

Já era noite, então voltei ao hotel depois do hot dog. Não foram cinco, mas também não foi um só!

19º DIA

15 DE JANEIRO DE 2018

Amsterdam não é uma cidade muito grande. Então a sensação é que os lugares se repetem, mas somente as regiões. É possível dividir os pontos no decorrer dos dias do roteiro. Nesse segundo dia, reservei um tempo para visitar o típico bairro de Jordaan. Esta parte icônica da cidade – juntamente com o centro histórico e o Red Light District – está localizada a oeste da Praça Dam. Para chegar até lá – depois de alguns minutos no Tram – bastou caminhar ao longo do canal enquanto admirava as fachadas de tijolos vermelhos das casas. Nesse trajeto passei em frente à igreja Westerkerk, a maior igreja protestante da Holanda.

A primeira parada do dia foi o Museu do Queijo, também localizado no distrito de Jordaan. Bem, com toda a justiça, a palavra "museu" é um pouco grandiosa, porque nada mais é do que uma pequena exposição no porão de uma loja com algumas explicações – que não entendi muito bem – sobre a fabricação de queijos. A própria loja, localizada no térreo, com certeza chamou muito mais minha atenção, pois oferece degustações gratuitas de Gouda de diferentes variedades.

Existem muitos museus em Amsterdam, alguns estão entre os mais famosos do mundo, e o dia seria cheio deles. Os principais estão localizados ao redor do Museumplein, ou Museum Square – a praça dos museus, onde tem o famoso letreiro I AMSTERDAM. Cheguei até lá depois de uma caminhada de 30 minutos ao longo do canal, mas também poderia ter sido uns 20 minutos de bonde. Escolhi três museus para passar a tarde: o Rijksmuseum, o maior e mais famoso museu de Amsterdam. Abriga uma impressionante coleção de pinturas da Era de Ouro holandesa. A entrada está incluída no I Amsterdam City Card; o

Amsterdam Cheese Museum
Visto recentemente
Primark
Praça
Visto re
DE WA
B
G
A
JORDAAN
ugo
olein
ente
Bloemenmarkt
AMSTERDAM/
ANEL
M
OUD-WEST
Spiegelgracht
The Seafood Bar
Rijksmuseum
C
D
E
Museum ein
Albert Cuy
Vond park
F
OUDE
s108
Amsterdam, De Pijp

Museu Van Gogh, dedicado ao famoso artista holandês, com 200 de suas obras expostas – gostei muito desse, porque muitas de suas salas tinham algum tipo de interação, além de disponibilizar um tablet que fica com o visitante durante todo o percurso, facilitando com as informações do guia. Entrada gratuita com o City Card; e o Museu Stedelijk, o museu de arte contemporânea e design. Entrada também gratuita com o Amsterdam City Card.

Melhor explicar: quando me refiro a entrada gratuita, na verdade, significa que o valor do ingresso já estava incluso no valor que paguei pelo I Amsterdam City Card. A vantagem é que, quanto mais lugares consegui visitar, menor foi o valor pago por cada atração – se fosse pensar em diluir o valor. Então valeu à pena!

Nesses três museus, mais o tempo de deslocamento entre eles – que é curto – e a espera em filas – também pouco tempo – gastei cerca de três horas. Nessa praça também tem vários carrinhos que vendem hot dog!

Para tomar um pouco de ar fresco – e gelado – depois dessas atrações internas, fui conhecer o Vondelpark, o maior parque da cidade, que fica a apenas 5 minutos a pé do Museumplein. No Vondelpark encontrei vários lagos, caminhos bem cuidados para caminhadas ou passeios de bicicleta, e áreas de recreação para as crianças, que estavam cheias, mesmo com o tempo frio.

Ainda tinha algumas horas até a próxima atração. Imaginei que fosse passar mais tempo dentro dos museus. Então fiz um típico cruzeiro pelos canais de Amsterdam. Foi a forma perfeita de se descobrir a arquitetura e as casas tradicionais de um ângulo diferente, apesar da garoa que atrapalhou um pouco. Realmente foi uma das melhores coisas que fiz na cidade!

Existem diferentes tipos de cruzeiro, dependendo do tipo de barco e da duração. Eu escolhi um que tinha duração de 75 minutos e passava pelo centro histórico. O que mais me surpreendeu nesse passeio foi saber que eles disponibilizam guia em áudio em português do Brasil! Foi a primeira vez que encontrei algo do tipo.

Antes do cruzeiro finalizar a garoa foi embora. Voltei ao bairro de Jordaan para fechar o dia com uma visita a Casa de Anne Frank. Não sabia que era necessário reservar horário, por isso só consegui a visita noturna. Quando passei por lá durante o dia, a fila estava dobrando a esquina! Nesse horário já estava menor, mas eles são extremamente pontuais com as entradas. Então ainda aguardei por cerca de 40 minutos na pequena fila que se formava na calçada. Além do frio, um tempo depois começou a nevar! Ainda bem que durou pouco, pois estava sem guarda-chuva e a roupa começava a ficar molhada.

Faltando uns cinco minutos para o horário do ingresso, começaram a liberar a entrada. Os visitantes passam por um sistema de segurança, recebem um guia em áudio e iniciam o roteiro pelo lugar.

Caso nunca tenha ouvido falar a respeito, durante a Segunda Guerra Mundial, quando os judeus estavam sendo caçados, é aqui que a família Frank se escondeu para escapar da deportação. O diário de Anne Frank, agora famoso em todo o mundo, conta as condições em que viviam. Hoje, é possível visitar os diferentes cômodos da casa e ver fotos e objetos que pertenceram à família, tudo acompanhado de trechos do diário pelo guia em áudio.

O passeio durou cerca de duas horas. Em alguns pontos chega a ser um pouco "pesado". Enquanto ouvia os trechos do diário, imaginava como aquela família havia conseguido enfrentar tudo aquilo. Cômodos apertados, sem iluminação natural, já que as janelas eram bloquea-

das, muitos esconderijos e passagens secretas. A ideia era, realmente, se esconder de qualquer indivíduo estranho que chegasse ao lugar.

Após o percurso, e ainda com todas aquelas informações na cabeça, passei em um mercado – que não recusasse meu cartão – e voltei ao hotel.

2 0 º D I A

1 6 D E J A N E I R O D E 2 0 1 8

O gelo acumulado nas ruas era o sinal de que havia nevado muito durante a noite. E a garoa já previa que o dia seria curto. Comecei a manhã no Albert Cuypmarket, um dos maiores mercados ao ar livre da Europa. Além de frutas e verduras, o lugar vende queijos, flores e lembrancinhas. Não estava muito cheio, provavelmente devido ao mau tempo. O mercado abre de segunda a sábado e fica no bairro De Pijp.

Para me "esconder" da garoa – que a essa altura já era chuva – fui a mais um museu. Dessa vez um lugar bastante tecnológico: o Museu de Ciências NEMO. Quem disse que Amsterdam não é para criança também? Ou para os adultos que gostam desse tipo de passeio...

Localizado dentro de um prédio verde, semelhante a um navio no porto. Repleto de atividades práticas, pude passar horas aprendendo como a ciência evoluiu ao longo do tempo. Há exposições interativas para todas as mentes curiosas. E mesmo que não tenha muito tempo para dar uma volta pelo museu, recomendo acessar o terraço gratuito da cobertura, que oferece vistas panorâmicas da cidade. Sinceramente, só não consegui aproveitar melhor devido a barreira linguística.

Peguei o Tram, uma vez mais, e voltei a Praça Dam, dessa vez para conhecer um lugar que muito ouvi falar, o famoso museu de cera.

Amsterdam Centraal
Central
Praça Dam
Visto recentemente
B
DE WALLEN
NEMO Science Museum
A
KADIJKE
Museum Rembrandthuis
Temporariamente fechado
Wittenberg
Bem avaliados
Waldorf Astoria
Amsterdam
Bem avaliados
Weesperplein
DAM/
L
Lijnbaansgracht
Sushi Fanatics
Albert Cuypmarkt
E PIJP
DE PIJP
Wibautstraat
WEESPERZIJDE

Não sei o que esperava do lugar. Na verdade, acho que sabia e, ainda assim, fui para ter certeza de que não iria gostar. Talvez hoje seria melhor aproveitado, mas naquela época não via muito sentido em fazer selfie – e o lugar serve, basicamente, para isso. Mas a proposta é interessante.

Imagine só: conhecer Barack Obama, Ronaldinho, Michael Jackson, Lady Gaga e o E.T. em uma mesma tarde? Isso é o museu Madame Tussaud's, o lugar onde os ricos e famosos estão esperando pelo visitante – e não o contrário. Eu sei que não é exatamente isso, mas o marketing é esse! O lugar é composto por algumas salas com figuras de cera internacionalmente famosas, dentre estrelas pop, esportivas, líderes mundiais, celebridades nacionais e personagens de filmes. Pessoas que, normalmente, nunca conheceríamos na vida real.

E é isso. Essa foi a hora de deixar as "celebridades" para trás e voltar ao mundo real. Esse último dia realmente foi bastante curto. Não só pelo mau tempo, mas também porque precisava fazer as malas para seguir viagem na manhã seguinte.

21º DIA

17 DE JANEIRO DE 2018

Lembra o que aconteceu no dia em que deixei Madrid, quando fui à estação para embarcar no trem? Pois então, eu também lembrei e, por essa razão, cheguei na estação com muita antecedência! Estava com pouco movimento, e um frio gelado circulava pelo lugar, que é todo aberto. Os trens de longa distância – e alta velocidade – saem da estação Amsterdam-Centraal. E depois de quase duas horas de espera era o momento de embarcar. Dormi em quase todo o trajeto, que durou pouco mais de três horas. Quando acordei já estava não somente em outra cidade, mas em outro país.

PARIS

É impressionante saber que as curtas distâncias entre os países na Europa facilitam uma viagem como essa, o que amplia as possibilidades e não aumenta muito o custo final. Cheguei na cidade pela estação Gare du Nord, no meio da tarde. Dia de sol, sinal de que poderia aproveitar algumas horas antes do anoitecer. Deixei o trem e segui as placas até encontrar o guarda-volumes da estação. Como já havia pesquisado, sabia que aqui também encontraria os armários no mesmo estilo que foi em Madrid. Como o hotel não era próximo de onde estava, seria a melhor forma de aproveitar as horas que restavam nesse dia. No subsolo da estação ficam os armários, com um sistema muito semelhante ao anterior. E preços também. A diferença, dessa vez, é que estava com um a mala a mais, então o armário também precisava ser maior. Mas com um acréscimo de 2 euros apenas. Valeu à pena.

Retornei ao térreo e procurei pelo escritório de turismo. O lugar estava um pouco diferente das fotos que havia encontrado durante as pesquisas. Na verdade, parecia um canteiro de obras – Amsterdam, outra vez. Ficou claro que o mês de janeiro é o favorito para se fazer as reformas por lá! Mas não levou muito tempo para eu encontrar. Assim como em Amsterdam, Paris também oferece um benefício turístico aos visitantes: o Paris Museum Pass, que é um passe para museus e monumentos espalhados pela cidade. Para conseguir foi fácil, bastou mostrar o folheto para a atendente no balcão – não tem erro, é uma linguagem

Lamarck - Caulaincourt Ⓜ
C
Ⓜ
B
MONTMARTRE
Rue Lamarck
Le Mur des Je t'aime
Sacré-Cœur
A
Pigalle Ⓜ
Rue d'Orsel
Rue Mulle
Château
Anvers Ⓜ
Av. Trudaine
Rue Gérando
Rue Milton
Ár
Rue Rodier
Barbès - Rochechouart Ⓜ
D
Hôtel Maison Mère
Bem avaliados
Ⓜ
E
Poissonnière Ⓜ
Gare du Nord Ⓜ

universal. Foi uma aquisição que, realmente, me ajudou a economizar! A exceção é o transporte, já que nesse não está contemplado. Mas o custo com metrô seria baixo.

Saí da estação e fui em direção a região de Montmartre. Uma caminhada não muito longa, mas por se tratar de uma subida, levou um tempo considerável. Mas valeria à pena. Fui passando pelas ruas e tendo uma primeira impressão da cidade. Devido ao horário, muitos comércios estavam fechados. A famosa 'siesta' conhecida na Espanha, pelo visto, não existe apenas por lá. Várias praças bem cuidadas, muito movimento de veículos e pedestres, e logo a frente a última rua até a Basílica de Sacré Coeur.

Foi difícil não sentir que estava subindo ao céu enquanto me aproximava da Basílica, que parecia um castelo branco no céu, situado no topo de Montmartre. O governo francês o encomendou em 1873 e a construção durou até a Primeira Guerra Mundial. A igreja foi finalmente consagrada em 1919. Muitas pessoas agora visitam o lugar para admirar a vista superlativa do topo de sua cúpula de mais de 80 metros de altura. Mas se você – assim como eu – optar por pular a subida pela escada em espiral da Basílica, a vista na frente do lugar ainda é uma ampla compensação para a viagem. É possível apreciar tudo lá do alto! Eu preferi realizar a subida pelas escadas, fazendo pequenas pausas durante o trajeto. Porém, para evita-las, existe o funicular, que custa uma passagem de metrô em cada sentido.

Deixei a Basílica. Voltei aos pés do Montmartre e caminhei mais alguns minutos, até o distrito de Pigalle, na zona vermelha de Paris — não é somente Amsterdam que conta com suas excentricidades. Na verdade, não buscava muita coisa na região. Queria somente ver o moinho do tão famoso cabaré de Paris, o Moulin Rouge. Porém, muitas outras coisas chamam a atenção de qualquer turista nessa região. A área de Pigalle, o distrito da luz vermelha de Paris, tem como rua principal o Boulevard de Clichy, que depois continua até o Boulevard Rochechouart, e seu centro é a Praça Pigalle. Passei por todo esse caminho antes de retornar à estação Gare du Nord.

A vida noturna neste bairro é muito animada – ainda não era noite, mas as luzes já acessas mostravam uma prévia daquilo que a região oferece – como bares, boates, restaurantes, teatros, sex shops etc. Fica entre os setores 9 e 18 – a cidade é dividida em setores, que vão do 1 ao 20, do centro para a periferia. Depois dessa "aventura inesperada" – mentira, já sabia como seria – retornei à estação de trem, retirei as malas do armário e fui à estação do metrô, que fica no mesmo lugar.

Fiquei hospedado em um hotel bom, o Campanile Bobigny, mas longe do centro da cidade, mesmo próximo do metrô. Hoje ficaria em um apartamento melhor localizado. Da estação ao hotel foram cerca de trinta minutos, o que é um tempo bom, mas a região norte de Paris fica afastada da maior parte das atrações turísticas, ou seja, não recomendo. Ficar hospedado entre os setores de 1 a 6 é a melhor opção, ainda que o custo com hospedagem seja um pouco mais elevado.

22º DIA
18 DE JANEIRO DE 2018

Hoje percebo que iniciei minhas viagens em um ritmo muito errado. Não era um viajante bastante ativo e, da noite para o dia, estava em uma rotina de apenas ir-ir-ir! Com a necessidade de cumprir roteiro e conhecer o maior número possível de lugares. Estava errado e não percebia. No entanto, teria uma semana inteira em Paris, hospedado em um só lugar, o que seria a desculpa perfeita para explorar a cidade

no ritmo certo. O que significava conseguir dormir por mais algumas horas, descansar mais e aproveitar melhor. Afinal, estava de férias!

Quando iniciei a aventura desse dia, já passava das 10 horas da manhã. O dia me levaria pela Île de la Cité, pela margem direita, pelo Sena e pela margem esquerda, e por uma variedade de locais ao longo do caminho, incluindo Sainte-Chapelle, Louvre e Musee de l'Orangerie.

Sainte-Chapelle estava na minha lista de "visitas obrigatórias" desde que vi um vídeo sobre construções no estilo gótico na Europa. E depois de Barcelona, fiquei muito feliz por essa visita, porque seria um complemento ao que já tinha visto. Mas pela quantidade de turistas no lugar, suspeito que esta seja uma parada frequentemente esquecida para as pessoas que visitam Paris, com tantos pontos mais conhecidos. Assim como Notre Dame, Sainte-Chapelle fica na Île de la Cité, e elas ficam a apenas 10 minutos a pé uma da outra. O mais complicado de visitar Sainte-Chapelle foi que uma placa de rua estava virada para o lado errado, então andei vários quarteirões extras em um círculo tentando encontrá-la – com o celular sem internet, o GPS não funcionava muito bem. Acho que parte do problema é que estava procurando algo como uma igreja, mas ela fica essencialmente em um pátio do que hoje é o Palácio da Justiça.

Sainte-Chapelle foi uma capela real construída em 1242, com quase 800 anos de idade. Esta capela de estilo gótico tinha 250 anos quando Colombo navegou! Os visitantes entram no primeiro andar, que a princípio parece impressionante e abriga uma pequena loja de presentes – onde fiz o possível para não deixar nenhum euro – mas o verdadeiro local inspirador fica no andar de cima, na capela superior. O propósito original da capela inferior era para os funcionários do palácio, e o superior era para o rei Luís IX, sua família próxima e conselheiros.

Place de la Concorde
Ritz Paris
C
B
Área movimentada
sée d'Orsay
1.º ARR.
Av. de l'Opéra
Ár
Domaine Na
du Palais-Ro
Rue du Bac
Musée du Louvre
A
Área moviment
Pont Neuf
ots
du Four
MONNAIE
Le Centre Pom
Sainte-Chapelle
ODÉON
ce

A característica mais magnífica é o oceano de vitrais que se estende por quase 14 metros de altura e cria uma tonalidade azul no interior da capela. Construída para abrigar relíquias religiosas, tão importantes para o cristianismo na época. Enquanto estava lá, descobri que os concertos são realizados na capela periodicamente, de meados de março a dezembro – fica a dica, caso sua viagem seja nesse período. Ouvir uma apresentação ao vivo de música clássica em um local como esse deve ser uma ótima experiência!

Em seguida, segui para o Louvre, a pouco menos de um quilômetro a pé de Sainte-Chapelle. Haviam duas coisas que eu não tinha percebido antes da visita: a principal pirâmide de vidro do Louvre – que é flanqueada por outras menores – é, na verdade, a entrada do museu; e o Louvre começou como uma fortaleza no final dos anos 1100, para proteger a cidade do acesso fluvial, e tornou-se o palácio real em 1500.

Cheguei ao Louvre no início da tarde, por volta de meio-dia e meia, e não encontrei fila para entrar, embora o próprio museu tivesse muitos visitantes. Eu só posso imaginar o quanto deve ficar lotado durante a alta temporada!

Eu recomendaria a qualquer um que primeiro se familiarizasse com o layout geral do Louvre antes de visitá-lo. O museu é dividido em três alas: Richelieu, Sully e Denon. O museu tem 5 andares, com cada ala tendo exposições em cada andar dentro dela. Os 5 andares não são de 1 a 5 como imaginamos, mas sim rotulados como -2, -1, 0, 1 e 2 – me lembrei das aulas de matemática. Por mais que tenha aprendido a gostar e apreciar a arte, o máximo que consigo aguentar são algumas horas em um museu entre as multidões.

Para a minha visita, escolhi a ala Denon, onde vi a coleção de estátuas romanas e gregas e pinturas francesas e italianas, incluindo a Mona Lisa, que está situada em uma sala totalmente isolada e, embora eu tenha ouvido que outras pessoas que a visitaram lutaram para entrar na sala devido à multidão, estava lá quando a multidão ocupava apenas cerca de 15% do espaço. Mesmo assim, haviam algumas pessoas muito agressivas! Eu, literalmente, fui empurrado por várias pessoas que queriam ver na primeira fila. Não consigo pensar em nenhum outro museu de arte onde fui fisicamente empurrado assim! Não tenho certeza se sinto orgulho de mim mesmo, ou se fico envergonhado, de admitir que empurrei de volta – mas apenas os agressores! É assim que as brigas provavelmente começam. Fiquei imaginando se veria alguma notícia sobre "briga por Mona Lisa" nos noticiários.

Não sou fã de multidões, então me senti incomodado com o número de pessoas – que já ultrapassava o limite que podia aguentar – e decidi sair um pouco da trilha batida para o andar inferior de Denon, em uma parte do prédio que não se conectava diretamente naquele andar com as outras alas. Lá encontrei um local que me cativou – uma coleção de arte da África, Ásia, Oceania e Américas de 700 a. C a 1900. A arte era composta, principalmente, de máscaras e esculturas.

Com o horário das refeições fora de sintonia, almocei um sanduíche por volta das 15 horas, em um local ao lado da Starbucks. Sim, isso mesmo, há Starbucks até no Louvre! Encontrar a saída do Louvre foi quase tão desafiador quanto descobrir sua entrada. No piso inferior (-2), a saída está situada logo após a loja de presentes – é claro – através de uma passagem subterrânea que me levou ao jardim das Tulheiras.

Sair do Louvre depois de horas dentro era como sair de um cinema no meio da tarde, onde seus olhos se assustam com a claridade forte e você fica surpreso ao descobrir que ainda é dia e o mundo marcha sem sua presença.

O Jardim das Tulheiras é tudo o que resta do local anterior do Palácio das Tulheiras, que morreu durante o descontentamento que co-

meçou com a Revolução Francesa. As Tulheiras eram a parte residencial afiliada ao Louvre e a residência real antes de Versalhes se tornar o centro das atenções. No início da Revolução Francesa, após a tomada da Bastilha, Luís XVI e sua esposa, Maria Antonieta, voltaram de Versalhes para as Tulheiras para parecerem mais presentes e acessíveis a seus súditos. Eles acabaram passando vários anos lá, basicamente em prisão domiciliar.

Uma vez estabelecido no poder, Napoleão usou o Palácio das Tulheiras para sua residência, assim como seu eventual sucessor – com muitas outras bagunças misturadas no meio – seu sobrinho, que se declarou líder sob o nome de Napoleão III. Após sua derrota na guerra contra os prussianos, os cidadãos se levantaram para iniciar seu próprio governo. Foi nessa época que um desses cidadãos encharcou as Tulheiras com querosene e destruiu o antigo representante físico da monarquia. E assim, o Palácio das Tulheiras se foi. O Jardim das Tulheiras de hoje ocupa seu lugar.

O jardim é um local tranquilo ao ar livre para os parisienses passarem o tempo ao ar livre, percorrendo seus caminhos e vendo suas várias estátuas. Não tinham flores durante minha visita, mas adoraria ver este jardim em cores.

Caminhei por todo o jardim até o Musée de l'Orangerie, que abriga não apenas algumas das maiores, mas também as pinturas mais interessantes que já vi. L'Orangerie é composto por duas salas ovais conectadas, que abrigam um total de oito – quatro por sala – das pinturas de nenúfares de Monet em forma maciça. É um trabalho perfeito! Monet planejou essas pinturas para se encaixar, propositadamente, nessas salas ovais para que os visitantes pudessem mergulhar no mundo dos nenúfares e as duas salas – quando vistas de cima – estariam situadas no símbolo do infinito (∞). Com assentos no meio de cada sala, o museu ainda é confortável para absorver tudo. Dependendo de quanto tempo você gosta de passar com arte, o Musée de l'Orangerie pode ser uma visita bastante rápida. O edifício é pequeno e abriga principalmente as duas salas com um espaço no porão para exposições adicionais. Este museu é basicamente o anti-Louvre em experiência.

Todas essas experiências já estavam inclusas no Paris Museum Pass, não sendo necessário desembolsar nada a mais por isso.

De volta ao hotel, estava exausto e com dor – faziam dias que os pés não reclamavam. Não importa o quão confortável você ache que seus sapatos são, essa quantidade de caminhada certamente afetará em algum momento, especialmente após passar nas ruas irregulares da cidade.

23º DIA
19 DE JANEIRO DE 2018

Essa data ficou marcada para mim como um dia muito especial. Foi nesse dia que visitei a Catedral de Notre-Dame. Hoje, outubro de 2022, devido a um incêndio em 15 de abril de 2019, ela se encontra fechada. A área é atualmente perigosa devido ao chumbo do incêndio. Sou grato pela oportunidade de ter conhecido o lugar ainda com sua estrutura original. Não sei como ficará após a restauração, mas sem dúvida jamais será a mesma coisa.

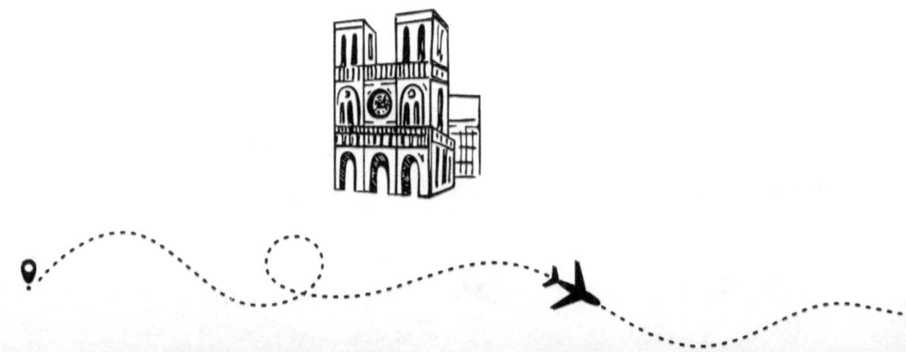

Alguns lugares em meu roteiro por Paris que não poderiam faltar: Torre Eiffel – embora tenha visto de longe, várias vezes – e Notre--Dame. Iniciei a manhã por esse último. Após a caminhada curta e uma viagem de metrô, estava outra vez na Île de la Cité. Já havia passado próximo no dia anterior, então a região já era conhecida.

Existem duas partes de Notre-Dame disponíveis para visitas. A primeira é a porta de entrada padrão da catedral. A segunda é o passeio pela torre, que começa à esquerda do prédio – quando visto de frente – e oferece aos visitantes acesso à caminhada na cobertura e a uma das torres sineiras, o refúgio de Quasímodo.

Comecei com o passeio pela torre. Antes foi necessário agendar o horário no site oficial da Catedral, ainda que o Paris Museum Pass já incluísse a atração, o que me ajudou a não precisar esperar para comprar um ingresso de acesso ao interior. Tive dificuldade para encontrar a entrada lateral. Nenhuma sinalização existia no lugar. A sorte é que estava com tempo sobrando.

Se você tem medo de altura, ou de espaços apertados, pense duas vezes antes de subir ao topo da Notre-Dame. Definitivamente, também pode ser um passeio mais frio – no dia que fui estava frio, com muito vento e garoa! A via de acesso é uma escada em espiral. Há algumas paradas ao longo do caminho para recuperar o fôlego, mas percebi algumas pessoas com muita dificuldade para subir. Ao todo, foi uma subida com 422 degraus!

No topo da torre, me senti recompensado pelo esforço com uma vista incrível. Caminhei pela frente da catedral e voltei por um dos lados. Fiquei cara a cara com a torre que foi construída em meados de 1800 e desabou no incêndio um ano depois da minha visita, e do topo do prédio pude ver os marcos de Paris – mesmo com o dia um pouco nublado.

Place de la Concorde
Musée d'Orsay
1.º ARR.
des Invalides
RR.
C
D
Rue de Grenelle
Rue de Babylone
Musée du Louv
Área m
Les Deux Magots
Le Ce
MONNAIE
Église Saint-Sulpice
ur Montparnasse
Le Jardin du
Luxembour
B
Cath
Notre-Da
Temporaria
NTPARNASSE
Bd Saint-Michel
Panthéon
A
VAL-DE-GRÂCE

No alto de uma colina à direita estava Montmartre, a Torre Eiffel estava bem à frente, pude ver a Torre Montparnasse e o Sena serpenteando pela cidade. Ainda consegui subir na torre do sino, do lado mais perto do Sena, e ver a madeira interna ao redor do enorme sino e subir ainda mais alto até uma plataforma acima do próprio sino.

Assim como a subida, a descida era uma escada circular contínua, que parecia que nunca terminaria até que, finalmente, terminou. De lá, do lado oposto ao qual havia entrado, passei pelas portas principais da catedral.

Tendo subido toda a altura da catedral e caminhado ao longo de seu enorme espaço no telhado, ainda fiquei surpreso ao descobrir o quão grande era dentro. A catedral estava lotada de pessoas, embora ainda não houvesse uma longa fila, o que me sugere que pode ficar ainda mais lotada durante a alta temporada. Haviam muitos quadros, áreas diferentes, velas infinitas, e uma seção separada que, para acessá-la, um valor adicional era exigido, para ver mais artefatos da igreja, o que não fiz. Era quase impossível! Eu sinto que não fui capaz de absorver tanto quanto gostaria porque estava muito lotado.

Depois que deixei o local, passei algum tempo refletindo sobre qual lugar seria mais lógico visitar na sequência, e decidi visitar a Crypte archéologique de l'île de la Cité, perto de Notre-Dame.

Primeiro, acho importante definir o que é uma 'cripta', porque antes eu a associava erroneamente apenas a locais de sepultamento. Descobri na prática que não é exatamente assim. Uma cripta, em sua essência, é um cofre subterrâneo. Mais comumente, esses locais estão associados a igrejas e são lugares de sepultamento abaixo do solo. Esta cripta é antropológica, uma abóbada subterrânea que abriga achados arqueológicos. Acredito que, de certa forma, também seja um cemitério de uma cidade anterior.

Quando olhei o mapa, ele indicava que a entrada desse ponto ficava bem em frente à Notre-Dame, mas em toda a minha caminhada pela área, pausa para fotos, não tinha visto nada que se parecesse com a entrada de um museu subterrâneo. Em frente à Notre-Dame há uma praça aberta, onde os visitantes fotografam a igreja e aguardam na fila para entrar. Veja só! Quando soube o que estava procurando, encontrei a entrada escondida no final da praça. Eu me pergunto quantas pessoas passam por ali e não têm ideia de que este lugar tão legal está escondido à vista de todos! Dado o número relativamente pequeno de visitantes por lá, suspeito que por muitas vezes seja um lugar esquecido.

Antes de explicar o que encontrei na cripta arqueológica, vou primeiro fazer uma rápida viagem no tempo, compartilhando informações que encontrei durante minhas pesquisas. Como em todas as cidades, Paris teve um começo que, inicialmente, não a diferenciou de muitas outras pequenas cidades que foram colonizadas na França moderna. Os primeiros colonos da área se estabeleceram na Île de la Cité e com o tempo a população cresceu. As vidas eram vividas da mesma maneira que sempre foram, porque antes da era moderna a vida de uma pessoa para as gerações futuras não variava muito — facetas da experiência humana, como avanços tecnológicos e as mudanças econômicas, eram lentas.

Com o tempo, por meio de ações políticas e guerras, Paris tornou-se uma parte central da França e, eventualmente, a capital. Mas tudo começou ali mesmo, no centro da cidade, na Île de la Cité, bem no meio do Sena. A ilha foi expandida para onde está hoje sua linha costeira, e os edifícios anteriores foram arrasados ou destruídos pelo tempo, pelo fogo e pela engenharia humana. Quando a área em frente à Notre-Dame estava sendo escavada para uma expansão para o estacionamento que estava lá para os visitantes, os arqueólogos descobriram

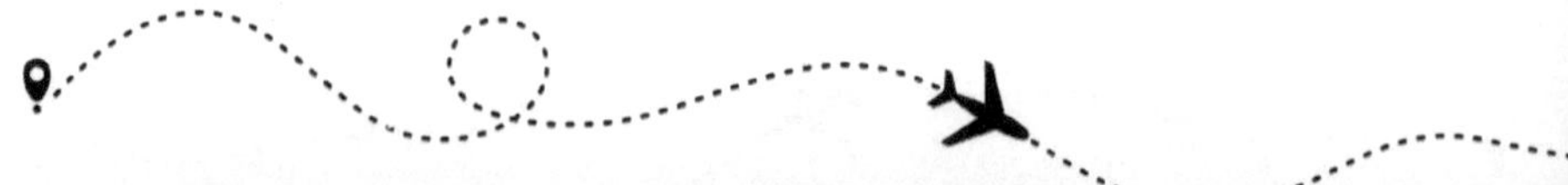

a fundação daquele antigo subterrâneo de Paris e, depois de estudá-lo em busca de pistas e conhecimento, guardaram uma parte dela aberta ao público, a moderna cripta arqueológica.

Visíveis no museu estão as ruínas reais dos prédios antigos e passagens estreitas que se desenvolveram à medida que a cidade se tornava mais populosa. A muralha original da cidade, reforçada na margem da ilha, é visível, o que mostra o quão maior é a ilha de hoje. Existem moedas encontradas no local de civilizações distantes, mostrando a extensão das rotas comerciais. E há exibições que explicam a evolução da área ao longo do tempo por meio de mapas e representações dos edifícios concluídos.

Para qualquer amante de arqueologia, história e império romano, esta é uma parada obrigatória! Também coloca a cidade moderna sob uma luz diferente, quando você pensa sobre o que ela significou para pessoas diferentes e como elas viveram ao longo do tempo. Descobri que quando Notre-Dame foi construída, ela estava espremida em uma área lotada; a área de visualização plana à sua frente é uma invenção moderna. Uma coisa muito legal que notei quando voltei acima do solo, é que a área de visualização plana em frente à Notre-Dame possui alguns marcadores para as ruas e edifícios anteriores, que tinha acabado de conhecer. Esse recurso interessante ajuda a visualizar a área como ela era antes.

Final de tarde, deixei a região, aproveitei que a garoa havia parado e fui de metrô à Torre Eiffel. Por maiores que sejam os problemas no lugar — e eles existem, como em toda cidade grande — estar ali é a representação máxima de conhecer Paris. Não há outra forma de explicar. Cerca de dez minutos depois, enquanto estava sentado apenas observando o cenário ao redor, as luzes da Torre se acendem e começam a piscar, fechando o dia e me deixando perceber que estava exausto demais para novas aventuras.

B
our Eiffel
hamp
e Mars
8º ARR.
MADELEIN
Cr Albert 1er
Av. Bosquet
Rue de l'Université
Quai d'Orsay
Place de la Concorde
Rio Sena
Hôtel des Invalides
Le Bon Marché
Rue du Bac
Musée du Lou
Área movimentada
Église Saint-Sulpice
Sainte-Chapelle
PARNASSE
Le Jardin du
Luxembourg
A
P

24º DIA

20 DE JANEIRO DE 2018

Com itinerário diferente do habitual para os viajantes, a primeira parada da lista nesse dia foi o Musée de Cluny, o Museu Nacional da Idade Média. O museu em si é bem pequeno. Subi as escadas para a exposição principal e verifiquei as antessalas, onde ficam as exposições temporárias. Encontrei uma sala alta e quadrada que abrigava um conjunto de seis tapeçarias que me chamou muito a atenção. Cinco delas representam cada um dos cinco sentidos e a última represente a compreensão que, supostamente, está alojada no coração.

Estar em uma sala cercada por essas seis tapeçarias enormes me deixou maravilhado com o artesanato, a arte, os detalhes minuciosos e a quantidade de tempo que deve ter sido gasto em cada uma delas e na restauração mais recente. Também forneceu uma sensação de escala – para uma casa ser grande o suficiente para abrigar essas tapeçarias, deveria ser um lugar realmente espetacular!

Depois de apreciar essas tapeçarias e fantasiar sobre morar em uma casa onde eu poderia pendurar tapeçarias enormes, fui para outra sala cheia de artefatos da Idade Média. Relicários, estátuas de ouro e outras obras artísticas, muitas vezes com fins religiosos, enchiam a sala. Como este museu é muito menos popular do que alguns dos grandes museus espalhados por Paris, tive que disputar o lugar com poucos visitantes e pude dedicar meu tempo explorando e lendo sobre os objetos – a essa altura, ainda que não estivesse 100% familiarizado, quando os textos não estavam em espanhol já conseguia me virar bem no inglês.

Lá embaixo, eu estava pronto para ir para a saída quando avistei uma placa na parede apontando para o Frigidarium. Não parecia fazer parte da exposição, mas eu segui esperando um beco sem saída ou algo que remetesse a um lugar frio. Mas não, eu estava errado, e fiquei muito feliz!

No semi-porão do museu estão os restos de um banheiro romano! Construído por volta do século I e em operação até o século III, acredita-se que sejam os maiores vestígios antigos no norte da Europa, e o espaço está muito bem preservado. A palavra frigidarium – descobri mais tarde – vem da primeira "sala fria" de um banheiro romano, que precedeu as salas mais quentes. Como se estivesse em uma catedral elevada, o teto abobadado tem cerca de 15 metros de altura. Parecia que fora do alcance dos visitantes havia alguns banheiros abaixo que faziam parte dos banheiros mais quentes. Havia até um ama placa que estava em inglês mal traduzido – como se tivessem traduzido palavra por palavra, sem pensar no contexto – parecia que os ingressos poderiam estar disponíveis, ocasionalmente, para passeios subterrâneos.

Instalado no frigidarium está uma obra chamada O Pilar dos Barqueiros, esculpido em calcário, considerado o monumento mais antigo de Paris. Apresentando deuses romanos e inscrições latinas, a crença de que eles foram empilhados em pilares não é confirmada e ninguém sabe exatamente como eles foram estruturados.

Saindo de lá, caminhei para o sul por cerca de cinco minutos até o Panteão, chegando no final da manhã. O local estava muito vazio de visitantes quando cheguei, mas quando saí, cerca de uma hora depois, havia ganhado significativamente mais visitantes, incluindo alguns grupos escolares. Fiquei refletindo sobre a sorte dessas crianças em terem esse tipo de experiência! Não sabia muito bem o que esperar do Panteão, para não confundir com o famosíssimo de Roma, mas acabou superando minhas expectativas.

Embora o Panteão seja, atualmente, um mausoléu secular de propriedade do estado, ele começou como uma catedral. O interior era magnífico, apesar de alguns reparos estarem em andamento. No andar principal por onde entrei, haviam grandes esculturas, estátuas e afrescos nas paredes que eram interessantes de explorar. Havia uma biblioteca em miniatura, com assentos para leitores que continham as obras dos escritores enterrados na cripta.

Na parte de trás do prédio havia escadas que levavam para a cripta, no subsolo. A cripta era um espaço muito legal – tanto arquitetonicamente quanto em clima. O primeiro espaço incluía os túmulos de pessoas como Voltaire, que tem sua própria estátua alta para acompanhá-lo. Lembro que durante as pesquisas li artigos que diziam que nem o cérebro nem o coração de Voltaire estão enterrados aqui com ele. Seu coração pode ser visitado na Biblioteca Nacional de Paris, se você quiser.

Após esta primeira sala havia uma espécie de rotunda subterrânea da qual diferentes passagens se desviavam. Dentro de cada um havia alguns corredores que tinham pequenas salas funerárias que poderiam abrigar várias pessoas de notoriedade nacional. Algumas das pessoas mais famosas enterradas aqui são Rousseau, Hugo, Zola, Descartes, Braille, Dumas, Saint Exupéry, Pierre Curie e sua esposa, a primeira mulher a ser enterrada aqui, Marie Curie. Imagine só, a oportunidade de pisar num lugar como esse, com tantos nomes que fizeram parte da história!

O dia estava frio, como todos os outros, mas pelo menos o sol estava alto e quente, então caminhei até o Jardin du Luxembourg. O Palácio de Luxemburgo foi construído por Marie d'Medici e hoje abriga o senado francês. Aberto ao público, atrás dele permanecem os vastos jardins. Um lado da propriedade é um jardim francês, o outro é um jardim inglês, e há uma avenida e um lago separando os dois. Com esculturas ao redor da lagoa e muitos lugares para sentar em um bom dia, o destaque para mim foi a Fonte dos Médici. Passei talvez uns trinta minutos vagando pelo jardim antes de ir para o próximo local, que era interno outra vez – Musée Rodin.

O museu fica no majestoso Hôtel Biron, onde Rodin viveu e trabalhou. O que é óbvio ao visitar este museu é o quão prolífico Rodin foi e a variedade de materiais que ele usou para criar suas esculturas. Também ficou evidente como seu trabalho progrediu com tentativa e erro ao longo do tempo. O belo jardim ao redor do museu é uma continuação da coleção com esculturas ao longo dos jardins da frente e dos fundos. O que posso dizer é que esse passeio foi "muito Rodin" para absorver de uma só vez. Se você não é um grande fã de escultura – não que eu seja, apenas estava aproveitando as oportunidades – esta pode não ser a melhor parada para você. No jardim oposto existe um pequeno café, onde tomei um lanche que, na verdade, foi meu almoço.

A próxima parada era o Musée d'Orsay. Deixei para o final porque ele fica aberto até um pouco mais tarde, diferente dos demais. Além disso, pode ser uma boa maneira de visitar com menos pessoas lá.

Amar o Louvre em Paris é fácil, é como o *single* de sucesso que nunca decepciona, não importa quantas vezes você ouça. Se virar para o lado B e atravessar o Sena, à sombra das Tulheiras, encontrará o Musée d'Orsay. Instalado em uma antiga estação de trem, a estrutura opulenta oferece um cenário perfeito para ver uma extensa coleção de mestres franceses. A primeira coisa que pensei, depois de uns trinta minutos no museu, foi: "Não acredito que todas essas pinturas estão em um só lugar". Em exibição estão algumas das obras mais famosas do mundo de 1848 ao início do século 20, incluindo nomes como Van Gogh, Courbet, Monet, Manet, Degas, Seurat e Matisse.

2 5º D I A

2 1 D E J A N E I R O D E 2 0 1 8

Comecei o dia comendo uma cesta de croissant – qual o melhor lugar para essa experiência, se não for na França – e café feito em uma prensa francesa, é claro! O café da manhã do hotel não perdia em nada para o de restaurantes da região.

Era hora de aproveitar mais um dia inteiro na cidade. Provavelmente não tão organizado quanto deveria, mas tudo bem! Fui até a estação Charles de Gaulle Etoile, bem em frente ao famoso Arco do Triunfo. E por que é tão especial? Napoleão Bonaparte tinha a missão de fazer de Paris a cidade mais bonita do mundo. Naquela época, o exército francês era visto como indestrutível e havia conquistado a maior parte da Europa. Então, em 1806, ele decidiu que queria construir um arco em homenagem ao Exército. Ele disse aos soldados: "Vocês voltarão para casa através de arcos de triunfo". E assim o nome!

O Arco do Triunfo está localizado bem no meio de uma enorme rotatória, e achei super perigoso de atravessar. Levei alguns minutos andando em círculos, tentando descobrir como fazer. Então vi uma placa indicando que havia um túnel. Ele passa por baixo da rua e vai direto para o Arco. Se você estiver olhando para o Arco do Triunfo – com as lojas da Champs-Élysées e a grande roda-gigante atrás de você – a escada para baixo está localizada na frente à direita, quase paralela à rua.

Depois de voltar ao nível da rua, estava perto da coluna traseira à direita do Arco. Caminhei ao redor da coluna traseira à esquerda – lado interno da coluna – e encontrei a entrada. A subida ao topo do Arco não foi um passeio no parque, embora tenha sido bem mais fácil do que escalar a torre de Notre-Dame. Se não houver fila, é possível utilizar o elevador, localizado em frente à loja de presentes.

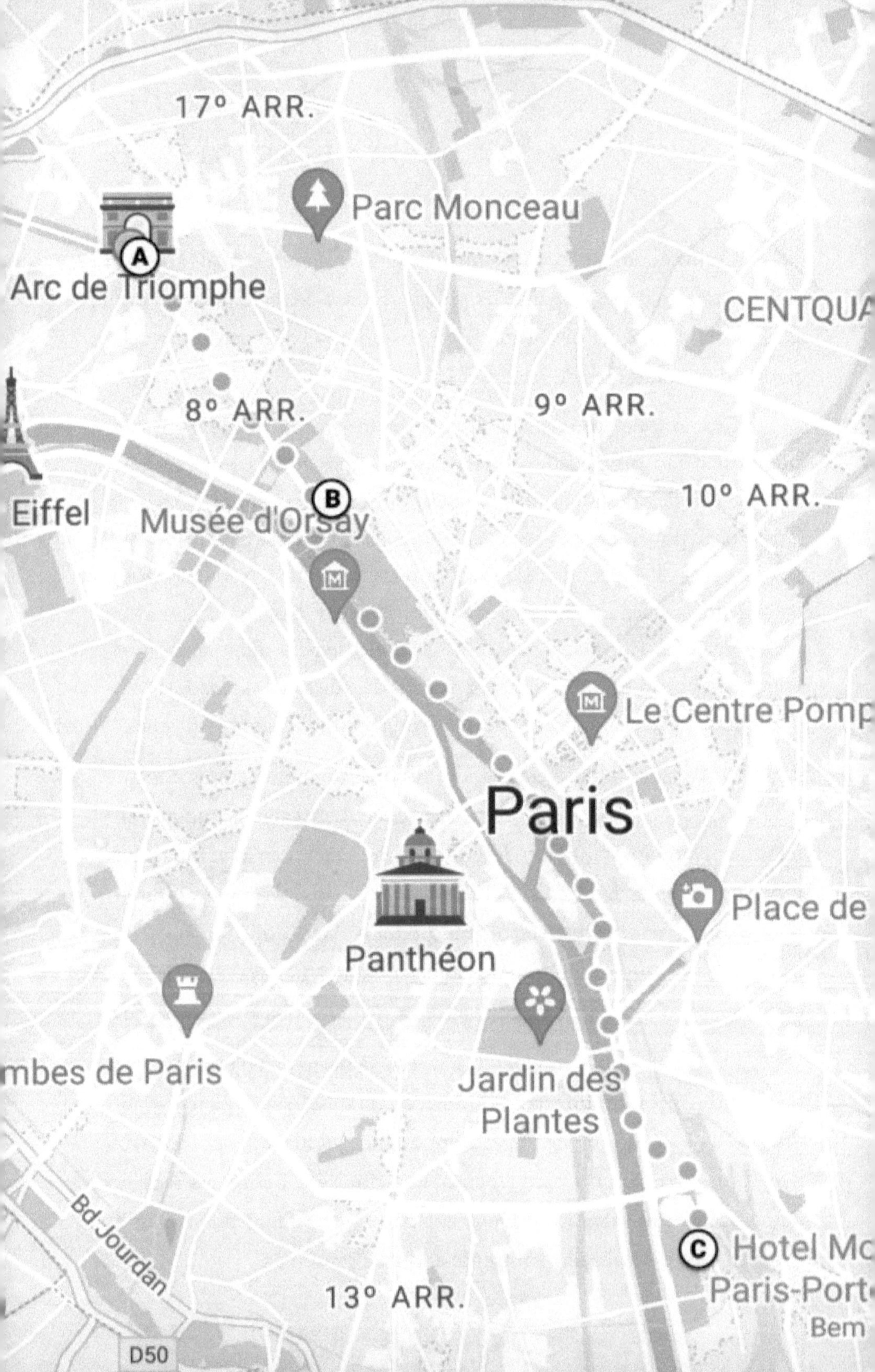

17° ARR.
Parc Monceau
A
Arc de Triomphe
CENTQUA
Eiffel
8° ARR.
9° ARR.
10° ARR.
B
Musée d'Orsay
Le Centre Pomp
Paris
Place de
Panthéon
mbes de Paris
Jardin des
Plantes
Bd Jourdan
C
Hotel Mo
Paris-Port
13° ARR.
Bem
D50

O detalhe do Arco é lindo e fiquei surpreso ao ver a tumba de um soldado desconhecido bem no centro do Arco. Todas as noites, às 18h30, uma tocha é acesa e os veteranos colocam coroas de flores perto da chama. Isto é para homenagear um soldado francês desconhecido que sacrificou sua vida durante a Primeira Guerra Mundial.

O dia era de chuva, e com muitas nuvens, mas a vista de 360 graus do alto do Arco é impressionante. Só faria uma coisa diferente: visitaria à noite, porque ver a cidade toda iluminada deve ser uma experiência à parte.

Do Arco desci caminhando pela Champs-Élysées até a praça da Concórdia, uma região repleta de lojas de grife. Infelizmente precisei mudar os planos e parar a caminhada. Fui me esconder da chuva no metrô. A próxima parada era a Cinemateca Francesa.

Naquela época, eu era mais apaixonado por cinema do que hoje. Tinha mais tempo, na verdade. Então quando soube que existia um lugar dedicado a isso na cidade, tratei de incluir no roteiro.

No coração do Bercy Park, do outro lado do Sena, a Cinémathèque Française conta a história do cinema, desde seus primórdios até os lançamentos recentes. A fachada do edifício chama a atenção, com formas redondas e onduladas.

Em seu interior existe um museu, o Musée Méliès, com várias máquinas, figurinos, cartazes, desenhos e maquetes, peças excepcionais, além de uma seleção de fotografias, lanternas mágicas com uma experiência de realidade virtual e, acima de tudo, alguns dos filmes de Méliès. Foi um passeio que me proporcionou uma viagem pela história do cinema, mostrando o início dos efeitos especiais, pirotecnia, efeitos ópticos, câmeras, modelos animados, efeitos de edição – minha parte favorita – efeitos de cor e efeitos sonoros.

Para mim, foi uma tarde maravilhosa! Eu até me esqueci que estava em Paris. Mas já era hora de voltar. Na manhã seguinte precisaria acordar bem mais cedo do que nos dias anteriores.

26º DIA
22 DE JANEIRO DE 2018

Enquanto pensava no roteiro, decidi abrir mão de um dia a mais de museus e monumentos pela cidade para presentear a minha criança interior – ficou meio piegas, eu sei. Antes das 8 horas já estava pronto para deixar o hotel e seguir para a estação de metrô. O tempo total do trajeto seria de, aproximadamente, uma hora e meia. Mas valeria à pena! Da estação Bobigny-Pablo Picasso fui em direção à Jaurès, com o metrô da linha 5. De lá, mais alguns minutos até a estação Nation, com a linha 2. E finalmente, com o trem da linha RER A, sentido Marne-La--Vallée Chessy, e uns 35 minutos de viagem, chegaria ao destino final.

Na verdade demorou um pouco mais, porque nessa última troca eu peguei o trem no sentido errado e foi necessário descer na estação seguinte para, enfim, entrar no trem com o sentido certo. Foi um início de manhã bastante cheio! E se você já identificou o destino pelo nome do lugar, sabe para onde eu estava indo. Caso contrário, eu informo agora: Disneyland Paris!

Não conhecia a Disney World em Orlando – ainda não conheço, até o momento que escrevo isso – então essa seria a primeira experiência em um dos parques Disney espalhados pelo mundo. Me lembro que, naquela manhã, ainda precisei pedir para a concierge do hotel imprimir o ingresso para mim. Já saí do Brasil com ele comprado, mas por alguma razão não era possível imprimir o voucher – acho que a

antecedência era muito longa, não tenho certeza. Mas deu tudo certo! E até a chuva resolveu dar uma trégua.

Antes de contar um pouco do que vi por lá, preciso dizer que uma coisa faria diferente: deixaria dois dias para os parques, e não apenas um como fiz. Tudo bem que consegui aproveitar bastante, mas com um dia extra eu teria a oportunidade de apreciar o lugar com mais calma. Experiência vivida, lição aprendida!

A Disneyland Paris compreende quatro partes: o parque temático do castelo, Disneyland Park ou Parc Disneyland; um segundo parque, Walt Disney Studios Park; Disney Village, uma pequena área de compras/restaurantes semelhante a Downtown Disney ou Disney Springs – infinitamente menor, é claro; e a área hoteleira, que abriga os hotéis Disney.

Com exceção de dois hotéis fora do local, todo o resort pode ser percorrido a pé. Logo na saída da estação de trem é possível ter um panorama geral, e é tudo muito perto. Não tenho muito conhecimento sobre os hotéis, então irei focar nos parques. A entrada deles fica a cerca de três minutos a pé uma da outra.

O Disneyland Park é o parque tradicional com o castelo. Entre os dois se tornou o meu favorito, por causa de suas atrações de qualidade, atenção aos detalhes e uma versão incomparável do Castelo da Bela Adormecida: Le Château de la Belle au Bois Dormant – diferente de Orlando, que o castelo é da Cinderela. Em contrapartida, o Walt Disney Studios Park é essencialmente uma versão menor do Disney's Hollywood Studios em Orlando, contando com atrações semelhantes – algumas iguais. Comecei o passeio por esse! Sabia que não teria muito tempo, então pesquisei bastante antes para me planejar, pois não conseguiria "experimentar" o parque além das atrações.

Comecei por uma montanha russa no escuro, a Rock'n Roller Coaster. Não tenho certeza, mas acho que já mencionei que sempre gostei de começar o dia em um parque de diversões em uma montanha russa. O diferencial dessa eram as luzes e a trilha sonora. De lá fui para a atração ao lado, com os efeitos especiais do filme Armageddon. Essa é uma daquelas para o visitante apreciar somente. Mas eu gostei! Terremoto, fogo, tudo dentro de uma nave espacial. Show!

A Hollywood Tower Hotel, atração clássica, muito legal também: um elevador que "despenca" e os fantasmas do hotel começam a surgir na sua frente. E uma outra para apreciar foi a galeria de animação, que me fisgou por ter na entrada uma das antigas máquinas que eram utilizadas para produzir as animações do estúdio. Já tinha visto em fotos e vídeos, mas não fazia ideia do quão grande era!

De lá fui para a atração do filme Ratatouille, até então única – hoje já existe uma versão na Disney World. Não sei explicar com exatidão, mas se trata de um passeio 3D, no qual o visitante está dentro de um carrinho e passa por diversos cenários, como se fosse o personagem do filme. Sensação de subida, queda, cheiros, em uma sequência de perseguição! Perfeito.

Depois de percorrer o parque por algumas horas, fui para o Disneyland Park. Além de ser maior, com mais atrações, a ideia de finalizar o dia nesse parque era por duas razões: ele fecha mais tarde que o primeiro, e é nele que ocorre o show de fogos à noite. Assim que passei pela entrada, já me deparei com a rua que leva em direção ao castelo. É tudo muito perfeito! A todo o momento a sensação é de fazer parte de uma das animações do estúdio.

Nesse parque, o Le Château de la Belle au Bois Dormant abriga um dragão embaixo, um dos animatrônicos que encontrei por lá. O parque é divido por seções. Não consegui ver nem metade do que ele

oferece, mesmo estando, relativamente, vazio. Repito: um dia extra fez falta...

Comecei pela Adventureland, visitando a cabana dos Robinson – do filme de 1960, A Família Robinson – uma casa na árvore que dá vontade de morar! De lá fui para uma mais conhecida, a Piratas do Caribe, com mais animatrônicos perfeitos. Passei pelos cenários de Aladdin, com miniaturas de trechos do filme, e construções em tamanho real, como se estivesse em Agrabah!

Na Frontierland entrei – sem fila – na Big Thunder Mountain, com o carrinho e estrutura totalmente em madeira, tudo em um cenário de velho Oeste. Caminhei um pouco pelos cenário, encontrei celeiros, os personagens de Toy Story, Woody e Jessie, e atravessei a Main Street USA até chegar ao Fantasyland, onde os clássicos Disney ganham vida! Um enorme vilarejo onde estão a carruagem da Cinderela, a casa dos sete anões, o show do Pinóquio. Antes de escurecer, consegui ir na Alice's Curious Labyrinth, um labirinto com um pequeno castelo e excelentes vistas no final. Mas a atração que mais me marcou foi Peter Pan's Flight – o voo do Peter Pan. Um carrinho que anda nos trilhos dando a ilusão de sobrevoar a cidade de Londres. Muito perfeito! Mas não foi a perfeição que me marcou. Infelizmente, poucos minutos após entrar na atração, alguma falha técnica impediu o carrinho de sair do lugar. Para que pudéssemos receber ajuda, as luzes do espaço foram acesas, quebrando toda a magia do lugar. Nunca consegui esquecer disso.

Por conta dessa falha, fiquei muito tempo no mesmo lugar. Quando saí de lá, já estava escuro e algumas ruas de acesso estavam sendo fechadas. Não consegui finalizar essa parte do parque, e nem cheguei perto da Discoveryland. Restava apenas encontrar um bom lugar para o show de fogos, que foi fantástico! Como estava na época de comemoração dos 25 anos do parque, o show tinha essa temática, com

Apollon
entemente
C
Château de Versailles
Visto recentemente
010
B
Waldorf Astoria
Versailles - Triano
Bem avaliados
D186
E
Área movimentada
A
D185
D186
Lycée Hoche
SAINT LOUIS
Versalhes
Le Mets du roi
Piscine Montbaur
F
Versailles Chantiers
Visto recentemente
3
ailles-Chantiers

muitas projeções dos clássicos do estúdio sendo exibidas no castelo, enquanto os fogos e a trilha sonora completavam o cenário.

De tudo isso, se pudesse elencar algo como sendo o lado negativo da Disneyland Paris, seria a qualidade das refeições, que não são/ ou não estavam muito boas, sem muita variedade; e ser barrado e ouvir gritos dos guardas, dizendo que a Fantasyland está fechada, sendo obrigado a ir para a frente do parque para fazer o caminho para qualquer outro lugar. Foi frustrante... Apesar de tudo, ficou marcado como um dos melhores dias de toda essa viagem!

27º DIA

23 DE JANEIRO DE 2018

O último dia de uma viagem é sempre agridoce: amargo pelo fim e doce pelas novas memórias e experiências. Muitas vezes chego ao final de uma viagem sem fazer coisas que pensei que faria, mas tendo feito outras coisas que me levaram a surpresas inesperadas – o que tem acontecido cada vez com mais frequência.

Depois de longos dias andando por Paris, e com os pés doloridos outra vez – e até algumas bolhas estavam começando a aparecer – ainda tinha um lugar para visitar antes de deixar a cidade: Versailles!

O dia estava cinzento e a meteorologia indicava mais chuva, então estava um pouco chateado. Felizmente, a maior parte da chuva fria desapareceu ainda nas primeiras horas. Peguei o trem RER para a estação de Versalhes, o mesmo que utilizei no dia anterior. RER significa Réseau Express Régional, predominantemente um trem suburbano para o centro da cidade que tem paradas na Disneyland Paris e no aeroporto CDG, que está vinculado ao sistema regular de metrô de Paris.

Após cerca de 25 minutos, cheguei à parada Versailles – chamada Gare de Versailles / Château Rive Gauche – e segui sem rumo pelas ruas da cidade, até que cheguei ao mercado de Versalhes. Se você gosta de mercados de agricultores ao ar livre, vale a pena parar neste! Chamado oficialmente de Place du Marche Notre-Dame, era grande o suficiente para tornar interessante passear por ele. Haviam barracas com todos os tipos de frutas e vegetais, carnes, queijos, nozes e outras comidas e vinhos.

Depois de circular pelo lugar, entrei por uma rua lateral e caminhei por uma via arborizada, a Avenue de Trianon, até a parte de trás de Versalhes, perto do Grande Canal, um corpo de água em forma de cruz. Continuei ao longo de um caminho que seguia o Grande Canal, até parar em um ponto que me dava uma bela visão de Versalhes e da parte de trás do palácio.

Com algum tempo sobrando antes do horário designado para entrar em Versalhes – sim, os ingressos são por hora marcada – fui à Cathédrale Saint-Louis de Versailles. A catedral era um belo edifício, cuja construção começou sob o reinado de Luís XV.

Pronto para conferir o palácio, caminhei cerca de 15 minutos até a entrada dourada de Versalhes. Ver a longa fila na frente me fez ficar um pouco assustado, mas então percebi que o horário de entrada era respeitado e os funcionários eram muito ágeis nos procedimentos de segurança.

A essa altura do dia, tinha algumas horas para explorar Versalhes antes de seu fechamento, e meus planos eram visitar partes do interior e depois o jardim mais formal. O interior do palácio estava completamente lotado de gente, a ponto de inibir minha capacidade de realmente aproveitá-lo. Percorri a Sala dos Espelhos e os vários apartamentos,

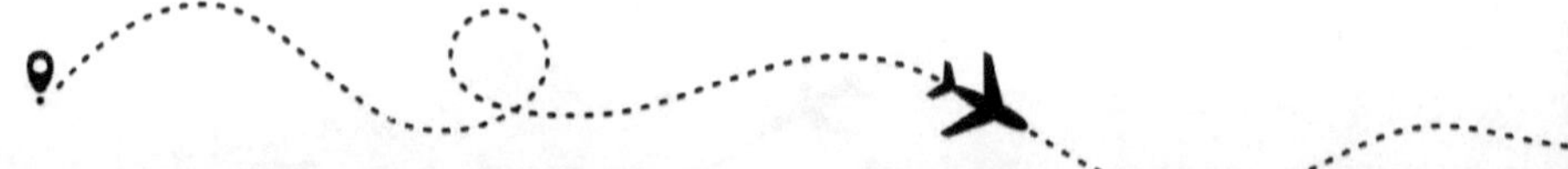

acompanhando painéis informativos com a história dos quartos e das pessoas que neles residiram.

Na hora em que estava pronto para "fugir" da multidão e passear pelo jardim, o céu já estava coberto com grandes nuvens negras, e o vento muito mais forte, já indicando que era hora de ir para a estação de metrô. Ainda assim, arrisquei e consegui percorrer parte do jardim que, mesmo sem flores, estava muito bem cuidado, já aguardando a chegada da próxima estação.

Pouco antes de chegar à estação de trem, começou a chover muito forte, então fiquei feliz por ter conseguido visitar o jardim e ter ido embora no momento certo. Contando assim pode não parecer, mas passei quase duas horas no lugar.

Quando cheguei ao hotel estava com frio, com as roupas um pouco úmidas e exausto. Mas o descanso só veio horas depois, quando tudo estava organizado e as malas prontas para seguir viagem na manhã seguinte.

28º DIA
24 DE JANEIRO DE 2018

Acordar, se arrumar, tomar café, pegar as malas, fazer o check-out, arrastar as malas pela rua, entrar no metrô e seguir viagem. Novamente acordar em um país e saber que iria dormir em outro. Essa seria, praticamente, a última vez. O ser humano é realmente impressionante! Uma pessoa que não tem o hábito de sair do bairro — e se incomoda quando é necessário — de repente se vê nessa rotina absurda e se sente bem, mesmo sem ter muita certeza do que acontecerá no dia seguinte, ou nas próximas horas. Quanto aprendizado!

Da estação Gare du Nord sairia o próximo trem, pontualmente às 11h04. Antes disso, seria necessário passar pela imigração, o que foi um processo bastante simples. Me entregaram um formulário onde tinha que colocar informações pessoais, o motivo e o tempo de viagem. Quando chegou minha vez, o oficial pegou o formulário e me fez, basicamente, as mesmas perguntas que lá estavam. Sem muita burocracia, apenas carimbou o passaporte e liberou a entrada. Achei o fato bastante curioso: quando soube que existia esse processo na estação, imaginei que seria da mesma forma que no aeroporto, onde o processo de saída é feito em um e o de entrada no destino final. Aqui não! Ambos os processos são feitos ainda em território francês, o que facilita a chegada.

Passei em uma loja e comprei uma caixa enorme de Macaron. Estava há uma semana na França e ainda não tinha provado o doce! A caixa esvaziou ainda na metade da viagem, que durou cerca de duas horas e meia. O trem foi o famoso Eurostar – a passagem mais cara de toda a viagem, com exceção do trem de Barcelona, que fui obrigado a pagar novamente. Ainda que tenha sido um pouco mais caro do que uma viagem de avião, o fato de não ter que passar pelos processos de um aeroporto e de chegar no centro da cidade, fizeram valer à pena.

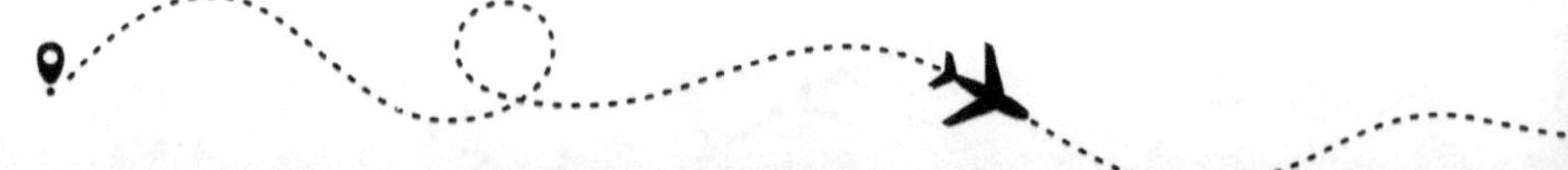

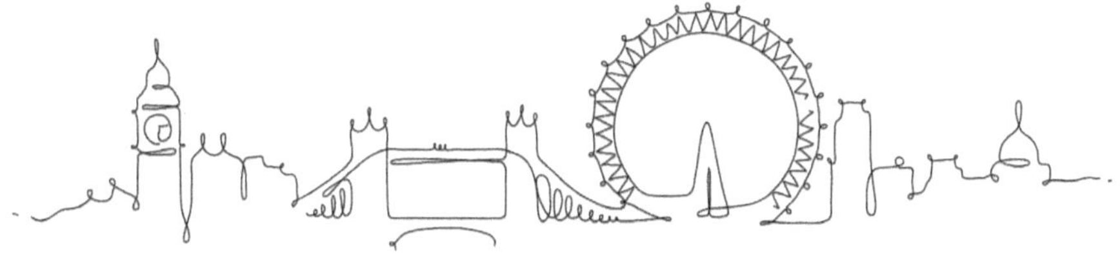

LONDRES

E entre o norte da França e o sul da Inglaterra são apenas 50 quilômetros de distância, percorridos por um túnel – o Eurotúnel – já que nesse trecho o trem passa por baixo do Canal da Mancha, em cerca de trinta minutos. É a única coisa que diferenciou essa das outras viagens de trem de alta velocidade.

A estação final é a St. Pancras, e como ainda era cedo queria aproveitar a vantagem do fuso horário, que me rendeu uma hora. Levei um tempo procurando pelo guarda-volumes da estação, até que encontrei: um lugar estranho que mais parecia com um 'achados e perdidos'.

Diferente dos outros, aqui as malas são entregues para um segurança e são acondicionadas em um depósito, junto com todas as outras. Enquanto ia passando tudo por uma esteira com um raio x, comecei a ler uma placa com as informações do lugar. Foi quando me dei conta do erro que estava prestes a cometer! O valor cobrado era por mala, e muito acima do que já estava habituado a pagar. E como se não fosse o suficiente, o tempo era de somente duas horas, aumentando o valor para cada hora ultrapassada. No momento em que percebi isso, pedi ao funcionário que me devolvesse as malas, porque o valor cobrado era muito alto – falei isso em inglês, e nem me lembro como. Gentilmente ele me devolveu as malas, o notebook – que estava passando por outra inspeção – e eu fui embora. Como não seria possível caminhar pelas ruas com as malas ao meu lado, decidi ir direto parta o hotel.

A estação com os trens internacionais é interligada com o metrô e trens locais, a King's Cross St. Pancras – carregam até o mesmo nome, praticamente. Mas antes de embarcar no metrô seria necessário comprar o bilhete Oyster, que é o cartão utilizado no transporte de lá. Como ficaria na cidade durante uma semana, carreguei o cartão com o Travelcard de 7 dias. O preço pode variar, dependendo da quantidade de zonas que irá circular – o mesmo sistema dos outros lugares. A vantagem é que o uso é ilimitado para metrô e ônibus.

Com o Oyster em mãos fui para a plataforma esperar o metrô. Enquanto aguardava, fiquei lendo o mapa com a malha ferroviária da cidade – que é gigante – e descobri que o metrô é dividido em duas variações: underground e overground, sendo que o primeiro percorre trilhos subterrâneos e o segundo anda na superfície. De lá até o hotel, que ficava em Peckham, seria uma viagem de mais de quarenta minutos. Definitivamente a hospedagem mais distante que já fiquei! E já adianto que não vale o preço. E da estação final até o hotel ainda deveria caminhar por cerca de um quilômetro.

O hotel era confortável, mesmo que com um quarto muito pequeno. O atendimento na recepção extremamente seco – o que esperava na França, por ouvir que os franceses eram mais desse jeito, mas lá não tive problemas. Talvez tenha sido apenas o mau humor de um atendente – mas percebi nos dias seguintes que estava enganado. Deixei as malas no quarto e já peguei a mochila novamente, colocando todas as roupas sujas que havia acumulado. Já estava há dez dias sem lavar as roupas! Próximo ao hotel em Paris não encontrei nenhuma lavanderia.

O mapa me indicou que próximo dali existia uma, e não demorei muito para encontrá-la. O serviço era igual ao oferecido em Amsterdam, com máquinas manuais. Dessa vez foi mais fácil me comunicar com o responsável pelo local. Penso que o inglês britânico seja um

pouco mais fácil de se compreender. É claro que, percebendo minha dificuldade com as palavras, ele me perguntou de onde eu era. Mas depois que respondi ele não falou mais nada. Nunca vou saber o que ele pensa dos brasileiros...

Depois de quase uma hora fui embora. Passei em frente a um fast-food de frango frito – semelhante ao KFC – e levei um balde enorme para o hotel! Não era pela fome, mas sim pela curiosidade de se comprar frango dessa maneira.

E quando achei que já estava tudo certo, olhei o roteiro do dia seguinte e me assustei! Já estava há tantos dias sem rotina que não me recordava mais da programação – no início até me lembrava, mas a essa altura eu dependia do roteiro. Na manhã seguinte eu deveria acordar muito cedo, e não me lembrava que esse passeio seria logo no primeiro dia inteiro em Londres. Estava tão empolgado – e ansioso – que quase não dormi aquela noite, com medo de perder a hora de acordar.

29º DIA

25 DE JANEIRO DE 2018

Mas na hora certa já estava de pé! E vestido a caráter – depois eu explico. A primeira parada seria a estação Victoria. De lá fui caminhando até o escritório de uma agência de turismo – não me recordo o nome – que me levaria a aventura do dia: o The Making of Harry Potter. Eu, literalmente, sonhava com esse momento desde o dia em que soube da existência do lugar! Harry Potter fez parte da minha infância e adolescência. O primeiro filme, Harry Potter e a Pedra Filosofal, só conheci porque encontrei em uma locadora a edição especial em DVD, que vinha com dois discos, e fiquei curioso para saber o que era. Foi

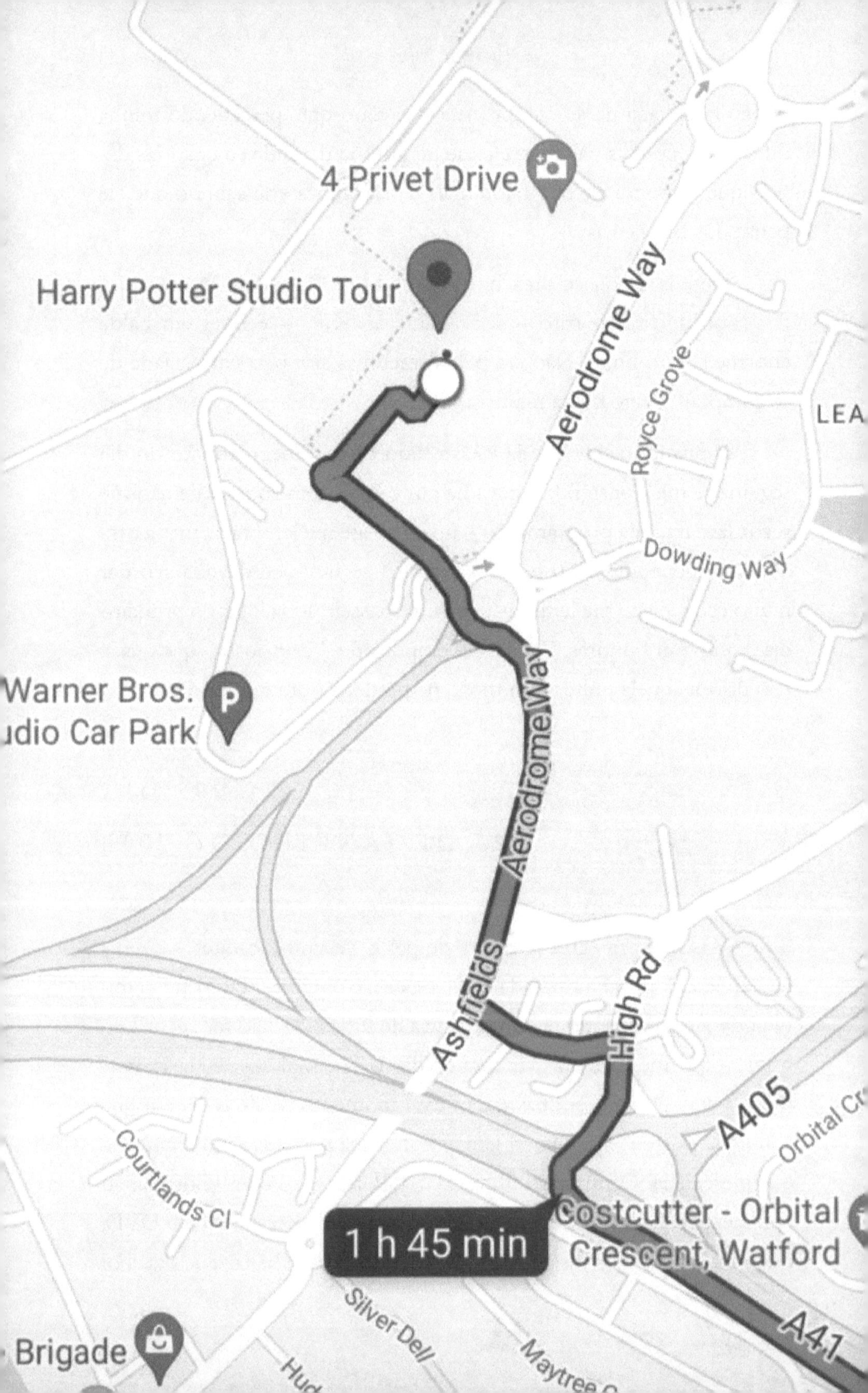

4 Privet Drive
Harry Potter Studio Tour
Aerodrome Way
Royce Grove
LEA
Dowding Way
Warner Bros.
udio Car Park
P
Aerodrome Way
Ashfields
High Rd
A405
Orbital Cr
Courtlands Cl
1 h 45 min
Costcutter - Orbital
Crescent, Watford
Silver Dell
Brigade
Hud
Maytree
A41

por acaso! Não fazia ideia que o filme, na verdade, era uma derivação de um livro. Um tempo depois tive acesso ao segundo volume, Harry Potter e a Câmera Secreta. Só então soube do que se tratava. Foi um início bastante confuso! A essa altura já existiam cinco livros e o terceiro filme prestes a estrear. Me tornei fã de tudo! E um fã chato! Me lembro do meu irmão relatando que, no início, gostava de Harry Potter – ele conheceu antes de mim – mas que deixou de gostar por minha causa! Fazer o quê...

Antes de continuar, um aviso justo: neste trecho irei detalhar minha visita ao Warner Bros Studios em Londres. Caso não queira saber nada sobre o assunto, porque não está tão curioso ou não quer spoiler sobre a visita, recomendo que pare de ler aqui e pule para o 30º dia dessa viagem. Não gostaria de ser responsável por estragar sua experiência.

O clima mágico desse dia começou logo na chegada ao ponto de encontro: um ônibus panorâmico – de dois andares – totalmente personalizado com temas da série. Dentro dele, um televisor exibindo um dos filmes durante todo o trajeto, que durou cerca de duas horas. Os estúdios não ficam, exatamente, em Londres, mas sim em Watford, a 30 quilômetros do centro da cidade. Aproveitei esse tempo para dormir, é claro. Acordar cedo para fazer esse passeio foi a melhor estratégia para evitar as multidões que encontrei depois, à medida que a tarde chegava.

Apenas um passo para fora do ônibus e já estava em uma atmosfera bem Harry Potter. As paredes ao lado dos estúdios cobertas de cartazes com cenas dos filmes. Era uma manhã sombria e enevoada – clima normal da região – mas daria para aproveitar muito bem. A entrada para os estúdios foi tão mágica quanto eu esperava, de alguma forma ainda mais impressionante do que nunca. A clássica música dos filmes começou quando entrei, o dragão gigante acima da minha cabeça deu as boas-vindas.

Antes de iniciar o tour, deixei a mochila no guarda volumes, junto com o casaco e, por baixo, já estava com o moletom do Harry Potter que comprei na Primark de Madrid. Em qual outra ocasião me sentiria confortável com isso? Nenhuma! O momento era único! Ao trocar o voucher do ingresso recebi junto um guia em áudio, com opção de português do Brasil, e não foi só isso: ao ser perguntado de onde eu era, a atendente me explicou tudo em português! Foi a única vez que algo assim aconteceu. Tem como ser mais especial do que isso?

Por fim, entrei nos estúdios, seguindo a pequena multidão reunida na entrada. Caminhei por corredores cheios de fotos dos bastidores de cada um dos oito filmes, pôsteres em todos os idiomas possíveis, e o emblemático armário embaixo da escada. Então, após receber um 'boas-vindas', o grupo foi se dirigindo a uma sala fechada, na qual fotos não eram permitidas, onde um membro da equipe do lugar nos apresentou os estúdios, juntamente com um vídeo temático. E fomos para outra sala, onde também não permitiam fotos. E a projeção inicia, com um curta-metragem de Daniel Radcliffe, Emma Watson e Rupert Grint, falando da experiência e da emoção por fazerem parte de tudo aquilo.

Da próxima porta em diante não eram mais telas com projeção, o estúdio era real. Este foi o momento que eu meio que senti vontade de chorar, para ser honesto. De pé, em frente àquela porta, abrindo-a e entrando no Salão Principal, ainda decorado com tudo de natal e do baile de inverno do filme Cálice de Fogo. As mesas compridas, os figurinos dos atores espalhados por toda a parte. Mesmo que pudesse ver os mecanismos de tudo, mesmo que fossem apenas isso, fantasias em manequins sem vida, ainda parecia mágico. Infelizmente tive que sair do Salão Principal um pouco cedo demais, já que eles o monitoram para não ficar muito cheio, então fui para a próxima parte dos estúdios: os cenários interiores.

Desde os figurinos do baile de inverno, que eram absolutamente deslumbrantes, até as escadas, a sala comunal da Grifinória, o escritório de Dumbledore e a cabana de Hagrid. Pude ver tudo, em todos os detalhes. Tudo foi incrivelmente impressionante, realmente. Os detalhes em cada uma das salas, todos os adereços incríveis, desde o cálice de fogo até cada Horcrux que havia, a Penseira e a Chave de Portal. É realmente um trabalho impressionante de todas as pessoas que trabalham nestes filmes.

O carro voador e as vassouras, a motocicleta de Hagrid, a cozinha dos Weasley, a lápide de Tom Riddle: pude ver muitos detalhes, de todos os filmes, neste único espaço. Foi incrível ver tudo isso ganhando vida bem em frente aos meus olhos.

A Floresta Proibida era arrepiante, cheia de uma atmosfera e música escura, fria e enevoada, onde estavam criaturas de todos os tipos: centauros, hipogrifos, patronos, aranhas gigantes e pequenas, vindo de cima. Saí da floresta para pisar na Plataforma 9 3/4 e embarcar no Expresso de Hogwarts. Literalmente! Não só consegui olhar para o trem, exatamente como nos filmes, esperando pelos alunos, mas também entrar. O trem tinha oito compartimentos, um para cada filmes, e cada um deles foi decorado com pequenos adereços de cada um dos filmes, o que foi incrível!

Depois de admirar alguns objetos incríveis dos filmes, jornais e livros reais, cartas e tantos detalhes, voltei ao clima frio e nublado de Londres para conferir os cenários externos. Descobri o gigantesco Knight Bus, que também permite o acesso limitado por uma escada. Ao lado, a casa número 4 da Privet Drive e seu interior, a escadaria, as cartas saindo da chaminé e voando por toda parte. E também o exterior da casa de James e Lily, a ponte de Hogwarts, algumas peças de xadrez e o carro voador.

Retornei para dentro para apreciar o trabalho dos artistas em cada uma das criaturas feitas para os filmes. De Goblins a Dragões, Mandrágoras e as criaturas mágicas do Grande Lago. Havia tanto para ver e tanto para aprender, desde o tempo que levou para criar cada máscara e adereço, até o tempo que levava para colocá-los nos atores, que por vezes levava mais de três horas!

Gringotts foi, provavelmente, uma das minhas partes favoritas dos estúdios, embora seja difícil escolher uma coisa apenas. Eu sinto que Gringotts foi tão impressionante que fiquei espantado, mais do que com os outros espaços – até agora. Foi como entrar em um dos filmes, na verdade. Tudo era grandioso e incrivelmente real, com tantos detalhes que me senti como Harry entrando no banco pela primeira vez. Em seguida, visitei o cofre de Bellatrix, mais uma vez montado exatamente como nos filmes.

Depois de todas as emoções de Gringotts, tive a sorte de entrar no Beco Diagonal em um momento onde quase ninguém estava lá, permitindo-me tirar fotos desertas da pequena rua de paralelepípedo e das lojinhas, mais uma vez incrivelmente detalhadas e bonitas.

A última parada no tour foi a sala onde ficam as maquetes, mais uma vez mostrando os bastidores da construção dos filmes e sua decoração. Pude ver quase todas as maquetes, da Torre de Astronomia à Toca e ao Três Vassouras, incrivelmente feitas como pequenos modelos. A última sala do passeio foi a mais impressionante de todas, e mais um momento em que, como fã de Harry Potter, me emocionei ao ver tudo. É uma maquete gigantesca do castelo de Hogwarts, com detalhes absolutamente incríveis. Ela fica no centro da sala e os visitantes vão caminhando ao seu redor, em uma passarela que começa no alto e vai descendo.

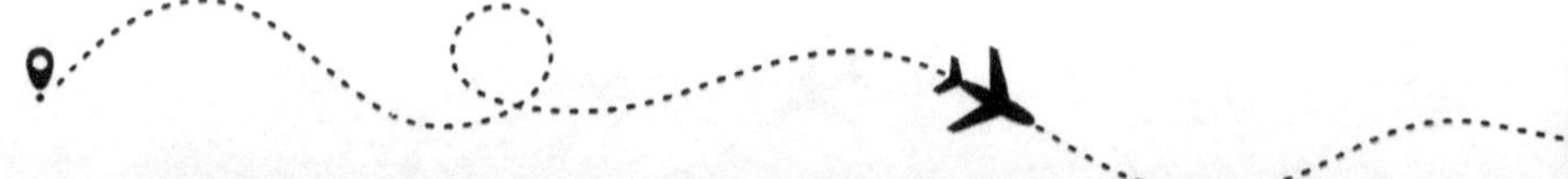

Se você é fã de Harry Potter, ou é fã de cinema, visite os estúdios. Sempre adorei a série e vê-la ganhar vida foi uma das melhores experiências que já tive. Mesmo que tenha visto todas as cordas, os fundos verdes de chroma key, a maneira como a magia foi criada, na tela, cada passo dela ainda parece mágico e só fez minha admiração por cada pessoa que trabalhou nesses filmes aumentar ainda mais.

30º DIA

26 DE JANEIRO DE 2018

E no primeiro dia em Londres – já que no dia anterior é como se estivesse em um mundo à parte – comecei pela Piccadilly Circus. Aqui eu encontrei a surpreendentemente pequena estátua do Cupido, que serve como ponto de referência para muitos passeios a pé. É um lugar que a gente é bombardeado com os outdoors brilhantes e chamativos, tudo em um cruzamento bastante movimentado. Anos depois pude fazer a comparação desse lugar com as vibrações da Times Square! Uma região na qual o foco são as fotos, mas que não há muito para ver. Como fui percebendo ao longo doa dias, muitos dos lugares que fui visitando são frequentados por rotas de ônibus, então acabei passando por eles novamente enquanto explorava outras partes de Londres.

De Piccadilly Circus, segui para o leste ao longo da Coventry Street em direção a Leicester Square. Quase passa despercebido: este pequeno espaço verde é ladeado nos quatro lados por altos edifícios, muitos dos quais são teatros. Agora já estava no West End de Londres! Não incluí nenhuma produção teatral no roteiro, mas isso é definitivamente algo que gostaria de ter acrescentado. Não consegui ingresso para o espetáculo Harry Potter and the cursed child, infelizmente. E também não pensei em nenhuma outra produção.

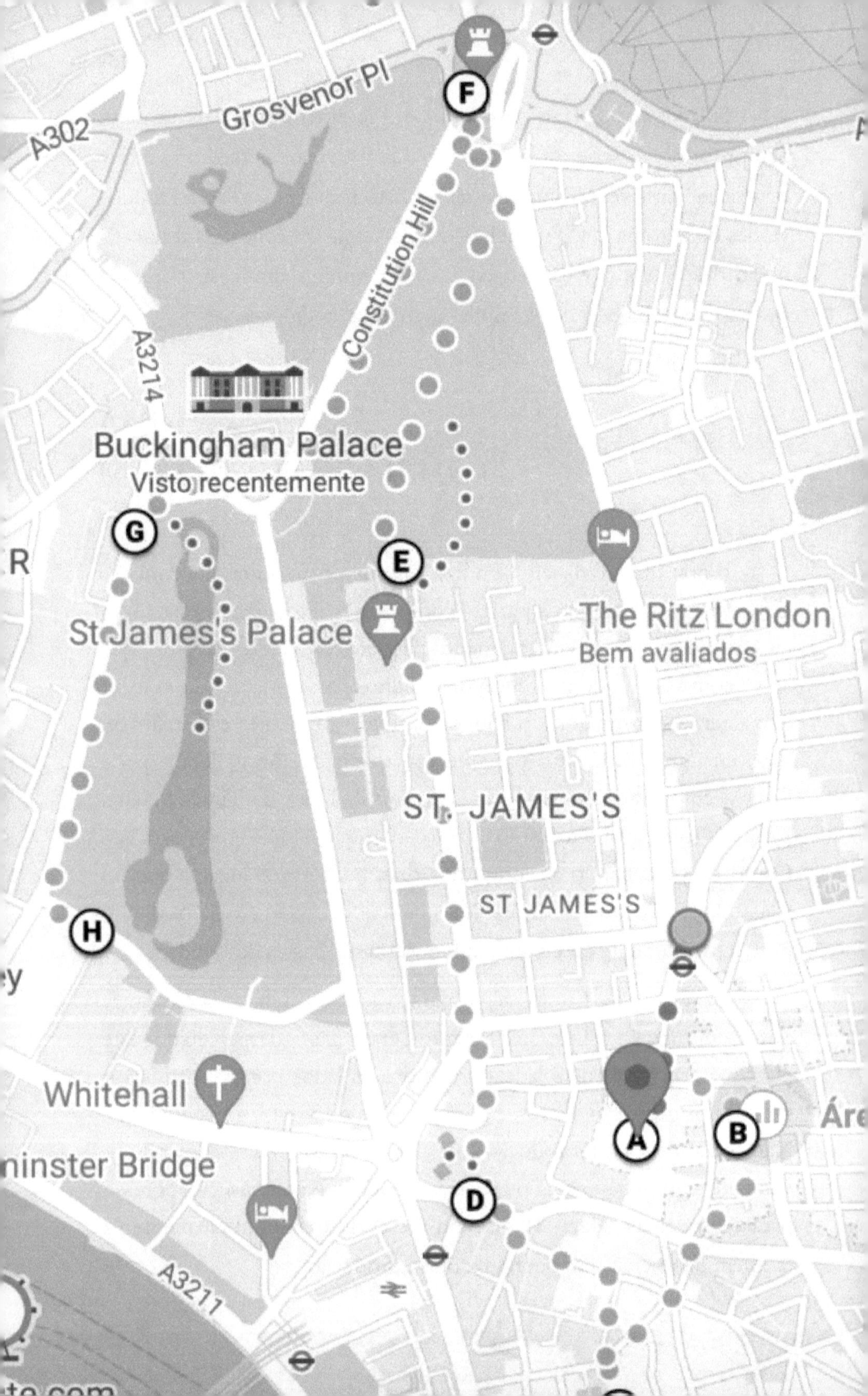

Grosvenor Pl
A302
A3214
Constitution Hill
Buckingham Palace
Visto recentemente
St James's Palace
The Ritz London
Bem avaliados
ST. JAMES'S
ST JAMES'S
Whitehall
ninster Bridge
A3211
Área
F
E
G
H
A
B
D
R
ry

Da Leicester Square, sentido norte, dentro de um quarteirão, é como se tivesse viajado milhares de quilômetros ao entrar na Chinatown de Londres. Esta não é uma área grande, mas existem alguns restaurantes fabulosos aqui. Além das tradicionais lojas e letreiros em mandarim.

Depois de uma pausa para almoçar – foi mais um lanche do que almoço, estava cedo ainda – já com as pernas descansadas, hora de continuar em Covent Garden. Cheia de turistas! E eu seria mais um a explorar. Covent Garden é conhecida por ser uma região de compras e entretenimento, então deu para passar algumas horas vagando pelas ruas, assistindo artistas de rua e absorvendo um pouco de tudo.

Segui em direção à Trafalgar Square, icônica por si só: passei por memoriais de guerra, prédios de gabinetes e até mesmo por Whitehall – onde residia o primeiro-ministro na época, não sei se continua até hoje. Esta praça é palco de eventos, arte pública e é cercada por vários edifícios importantes. O que marca a Trafalgar Square é uma coluna gigante no meio de uma praça. É a Coluna de Nelson, batizada em homenagem ao almirante Horatio Nelson, que morreu na Batalha de Trafalgar – daí o nome – em 1805. Eu apenas circulei alguns minutos pela Trafalgar Square, mas lá também fica a National Gallery, no lado oposto da praça. Não há realmente um "centro" de Londres, mas Trafalgar Square é, definitivamente, um dos principais marcos de navegação a partir do qual é possível chegar a vários outros pontos turísticos da cidade.

Segui pela Pall Mall, passando pelo St. James's Palace, até chegar ao Green Park, um antigo jardim real que agora é aberto ao público. O parque foi fechado no século 16 e ajardinado na década de 1820; agora é um ótimo lugar para passear – e perfeito para acostumar as pernas com a quantidade de caminhada que ainda teria pela frente! Continuei por dentro do parque até chegar ao Arco de Wellington, no canto noroeste do Green Park, onde se encontra o Hyde Park. É um enorme arco triunfal para comemorar a vitória da Grã-Bretanha nas guerras napoleônicas. Se tiver energia, é possível subir para ver os parques próximos de Londres. A vista de cinco andares mostrará os amplos espaços verdes ao seu redor. O arco de Wellington foi originalmente construído como a entrada do Palácio de Buckingham, para onde iria agora.

Retornei caminhando pela Constitution Hill, em direção ao Palácio de Buckingham. Ao chegar na extremidade do Green Park, já era possível ver o Palácio. Este é o local oficial da sede da Monarquia no Reino Unido. No Palácio de Buckingham, é possível fazer um tour pelos camarotes públicos; a entrada está localizada no lado sul do edifício. Ou então, apenas admirar a vista do lado de fora – foi o que fiz. O Victoria Memorial, na rotunda do lado de fora dos portões do palácio, é um local popular para fotos, e estava muito cheio.

Se acertar os horários, coisa que eu não consegui, também é possível ver a Troca da Guarda, que ocorre diariamente às onze horas, do lado de fora do Palácio de Buckingham. Essa cerimônia acontece ao longo do The Mall – rua perpendicular ao Palácio de Buckingham – e é um espetáculo popular.

Em seguida, continuei explorando os espaços verdes de Londres. Fiquei definitivamente surpreso com a quantidade de parques – leia-se: antigos jardins reais – existentes na cidade. O espaço que se tornou o St. James's Park – um dos oito parques reais de Londres – remonta a Henrique VIII, no século 16, e foi remodelada por George IV durante seu tempo como príncipe regente no século 19. É um passeio agradável, com belos canteiros que devem ser floridos fora do inverno. Mesmo assim, os seus jardins estavam bem cuidados e tinha uma variedade de pássaros que chamam a atenção. É chamado também de jardim frontal da Rainha, e fica ao lado do Palácio de Buckingham. Há

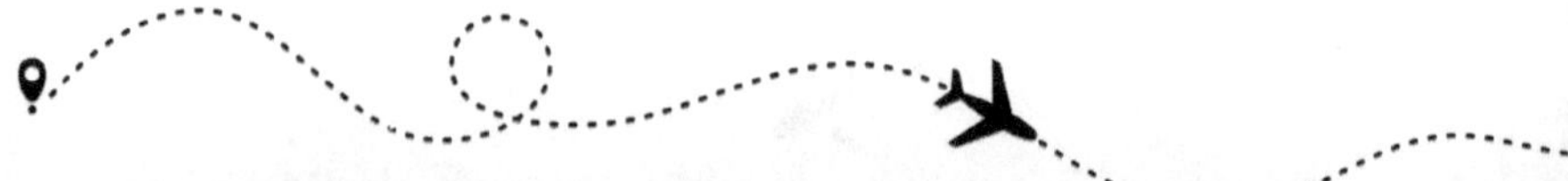

um cenário incrível por toda parte, e o parque é uma boa pausa se o roteiro estiver agitado.

Fechei o dia conhecendo um pouco mais sobre os homens que lideraram a Grã-Bretanha durante a Segunda Guerra Mundial, no museu Churchill War Rooms. O lugar abriga o quartel-general secreto subterrâneo onde Winston Churchill e outros políticos mapearam as estratégias da Grã-Bretanha para a vitória. A visita guiada em áudio fez um ótimo trabalho ao retratar como era a vida durante a Segunda Guerra Mundial. Pude andar pelo mesmo corredor ultrassecreto que Churchill fez, pois a equipe deixou tudo exatamente como estava. O museu também oferece uma visão mais aprofundada da vida de Churchill e possui uma grande área de exibição com fatos históricos. É como se desse vida a diversos acontecimentos que conhecemos apenas por meio dos livros, durante os anos de escola.

A Sala dos Mapas, para mim, foi um dos destaques do museu. Durante a Segunda Guerra Mundial, tornou-se o coração pulsante do quartel-general secreto, pois era nesse lugar que os oficiais e informantes passavam informações vitais para Churchill, o rei George VI e as forças armadas, o que explica a quantidade insana de telefones instalados na sala!

A essa altura já estava cansado, então entrei na primeira estação de metrô que vi, para retornar ao hotel. Não poderia esquecer que a viagem era longa! E ainda teriam outros dias para me perder pela cidade.

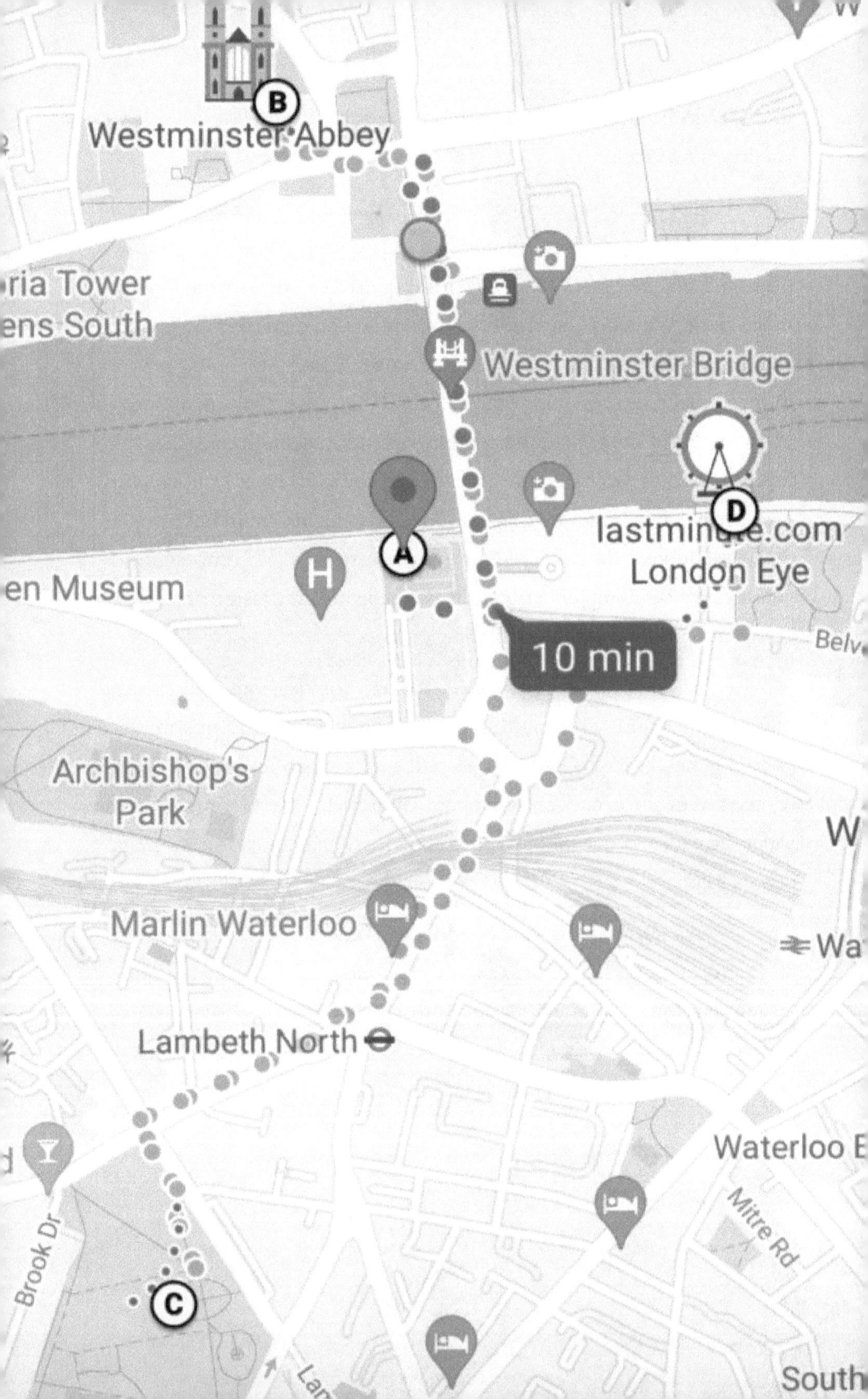

Westminster Abbey
B
ria Tower
ens South
Westminster Bridge
A
lastminute.com
London Eye
D
en Museum
H
10 min
Belv
Archbishop's
Park
W
Marlin Waterloo
Wa
Lambeth North
Waterloo
Brook Dr
Mitre Rd
C
South

31º DIA

27 DE JANEIRO DE 2018

Manhã fria, com garoa, o fim das férias cada vez mais próximo, mas ainda tinha muito o que aproveitar! Comecei a manhã desse dia pegando o metrô para Westminster, região do centro de Londres, próximo de onde estava no dia anterior. Tudo é muito perto, mas são muitos lugares para concentrar em um único dia. Por essa razão, foi fundamental dividir bem as coisas para não transformar o rotciro cm algo desgastante.

Westminster é o lar de alguns dos locais mais conhecidos de Londres, portanto teria muito o que ver e muito para fotografar. Primeiro, saí do metrô para admirar as Casas do Parlamento – também conhecidas como Westminster Hall. Este edifício é o mais emblemático de Londres, e a parte mais famosa do edifício é o Big Ben, nome do sino dentro da Torre Isabelina. Em uma cidade tão icônica quanto Londres, é difícil escolher a vista mais emblemática – mas tem que ter o Big Ben, certo? Infelizmente a reforma no exterior da torre me impediu de apreciar em toda sua plenitude.

Reservei algum tempo para passear pela Westminster Bridge, no lado norte, apreciando a vista do Palácio de Westminster, do Tâmisa, da London Eye e de todo o resto. Quando cheguei ao Southbank, desci os degraus e atravessei a ponte. Então me deparei com uma vista espetacular! O lugar é lindo!

Depois de apreciar a vista, subi de volta à Westminster Bridge Road e continuei atravessando o Tâmisa. Após passar pelo Parlamento, estava novamente na área de Westminster. A Abadia de Westminster já estava bem próxima. Na minha opinião, um dos edifícios mais bonitos de Londres e um exemplo incrível da arquitetura gótica. Assim como eu, talvez você a reconheça como o local de muitos casamentos reais. É possível optar por ver o interior ou, simplesmente, passear pelo lado de fora e admirar a vista. Pessoalmente, achei que o lado externo já estava de bom tamanho para a visita.

Retornei para o lado sul e caminhei por alguns minutos até o Imperial War Museum. Antes mesmo de entrar no prédio, já fui recebido com canhões navais na entrada do museu e, em seguida, após o hall principal, tanques, canhões e aeronaves pendurados no teto. O museu tem muitas galerias permanentes, no entanto, a exposição do Holocausto foi para mim a mais assustadora e impressionante.

Há também uma exposição sobre "Crimes contra a Humanidade", que mostra para o visitante sobre os horrores e atrocidades de vários eventos de genocídio em todo o mundo – é perturbador. Dentre alguns dos muitos itens fascinantes que encontrei por lá incluem: um pedaço do Muro de Berlim; um pequeno par de sapatos infantis de um dos campos de concentração nazistas liberados, além de outras peças de roupas, que me fizeram recordar do livro O Menino do Pijama Listrado; cartazes de propaganda da Segunda Guerra Mundial; um colete suicida de um suposto homem-bomba; os foguetes que foram usados pela Alemanha para bombardear Londres; vídeos de entrevistas com sobreviventes do Holocausto; e uma moldura de janela danificada e torcida do World Trade Center.

Posso dizer apenas que a visita não foi somente educativa, como necessária. Fiquei por cerca de duas horas lá dentro e não vi o tempo passar. Foi incrível!

Por fim, para tentar relaxar um pouco, retornei para a região próxima da Westminster Bridge. A ideia era chegar até lá cerca de quarenta e cinco minutos antes do pôr do sol, para ir até a London Eye e fazer

um passeio de meia hora na roda gigante. Calculei trinta minutos de antecedência mais quinze de fila. E mesmo com o longo trajeto, deu tudo certo. Peguei essa dica na internet e foi a melhor coisa que fiz! Esse horário é a maneira perfeita de ter vistas panorâmicas de Londres de dia e de noite!

De volta ao solo após o passeio na London Eye, era hora de voltar para o hotel. A estação mais próxima era a Waterloo, mas nesse dia voltei de ônibus, sentado bem em frente à janela panorâmica do segundo piso.

32º DIA

28 DE JANEIRO DE 2018

Acordei e me lembrei que estava fora de casa já havia um mês! Sinal de que as férias estavam se aproximando do fim. A chuva forte desse dia me atrapalhou um pouco. Perdi quase toda a manhã, porque não teria condições de sair do hotel. Para não perder a tarde também, decidi mudar o roteiro e fazer algo mais próximo de onde estava.

Peckham fica no sul de Londres, bem próximo de Greenwich que, apesar de parecer outro lugar, ainda faz parte da cidade. Fui para o ponto de ônibus em frente ao hotel e segui para lá.

Não sou um 'nerd' do espaço, mas visitar Greenwich era uma obrigação para mim. Depois de sair do ônibus e entrar em Greenwich, é difícil perder a bela Cutty Sark, às margens do Tâmisa. Nada mais do que um grande navio que foi transformado em museu! O Cutty Sark foi, originalmente, construído em 1869 e navegava para transportar chá, lã e várias outras cargas, até a década de 1890. Inicialmente pensei

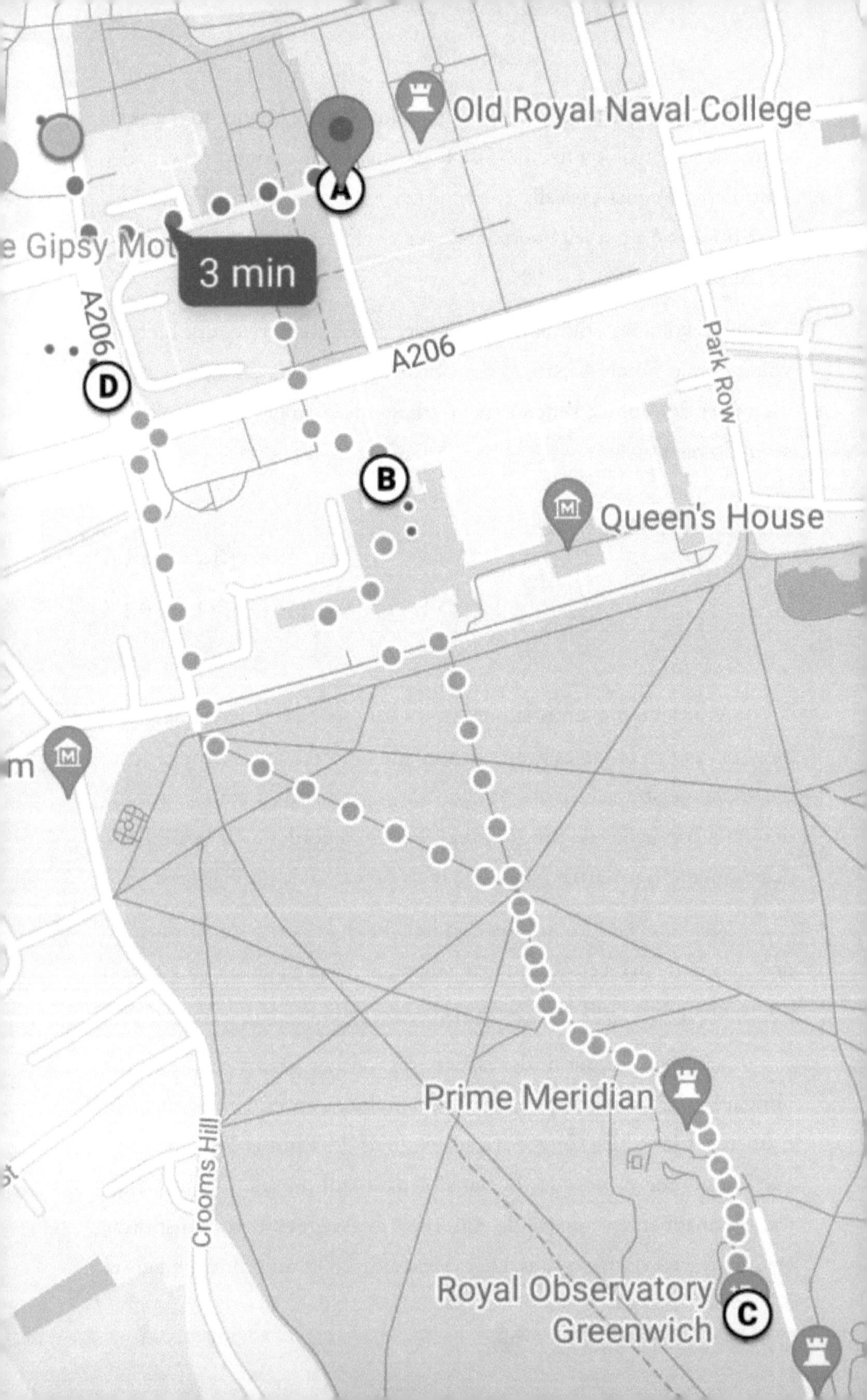

Old Royal Naval College
e Gipsy Mot
A206
A206
Park Row
D
A
3 min
B
Queen's House
m
Crooms Hill
Prime Meridian
Royal Observatory
Greenwich
C

não se tratar de um tempo muito longo, mas foi um navio que quebrou recordes de velocidade para várias rotas, ajudando a conectar o mundo naquela época. Hoje é possível entrar no navio, conhecer o museu e visitar o convés superior.

Caminhando rápido pelas ruas, para fugir da chuva, saí do museu e fui para o Painted Hall, no Old Royal Naval College. A história do lugar, por si só, já é fascinante. Tanto Henrique VIII quanto Elizabeth I nasceram aqui, mas também carrega a marca de vários outros monarcas e membros da realeza. O lugar já foi utilizado, até mesmo, como cenário de filmes. Hoje o Old Royal Naval College está preservado e é um patrimônio da UNESCO.

No meio do caminho para a próxima parada, fiz uma pausa para me esconder da chuva e aproveitei para visitar o Museu Marítimo Nacional – não achei muito atraente, a menos que você goste de navegação. Apenas algumas exposições me chamaram atenção. O museu é gratuito e possui galerias dedicadas à história naval da Grã-Bretanha.

Apesar das horas maravilhosas que passei nesses lugares – se não estivesse chovendo, teria sido muito melhor – meu foco era o Observatório Real de Greenwich, que nada mais é do que a maior atração de Greenwich. Ainda tinha uma subida, não muito longa, até lá, por dentro do Greenwich Park, mais um lugar que fiquei imaginando como deve ficar na primavera.

O nome 'Greenwich' pode soar familiar devido ao fuso horário – este é, de fato, o local que o Meridiano Principal, o centro do Horário Meridional de Greenwich, passa por Londres. O Royal Observatory em Greenwich – ou Observatório Real de Greenwich – é o lar do meridiano principal. Além disso, quando se trata de astronomia, o Royal Observatory tem uma enorme herança por trás dele, tendo feito contribuições primárias para astronomia e navegação.

É claro que tirei foto bem no centro da linha de Greenwich, que marca a divisão entre os hemisférios leste e oeste e o Horário de Greenwich (GMT), e aprendi sobre a ciência que foi baseada nesta instalação ao longo dos séculos. Também conheci um dos antigos telescópios usados para observar as estrelas na época em que Londres era uma cidade muito menor.

Saí do observatório quando não estava mais chovendo, sendo possível descer pelo Greenwich Park com mais calma. De lá fui a um grande mercado – caso não saiba, Londres adora mercados, e Greenwich não é exceção. O bairro tem o homônimo Greenwich Market, que data de 1737 – essa informação está bem na placa de entrada. O mercado é bem grande, com barracas que vendem de tudo, desde comida a antiguidades e roupas vintage. Aproveitei e comi por lá mesmo, antes de retornar ao ponto de ônibus de volta ao hotel. Foi um dia mais curto, mas bastante proveitoso.

33º DIA
29 DE JANEIRO DE 2018

O que o dia anterior deixou de ter, esse teria de sobra: muita caminhada! Outra vez sem sol, mas somente uma garoa fina em alguns momentos. Então estava fácil! E depois da habitual viagem de metrô, comecei o roteiro pelo Museu de Londres.

Só posso dizer que foi uma manhã excelente! Aprendi tudo sobre a história de Londres – pelo menos o que consegui entender tentando ler o inglês – desde os tempos pré-históricos, passando pela Idade Média, até os dias atuais em nove galerias. Cada exposição era fascinante e revelava excelentes histórias da cidade. E foi uma experiência altamente

interativa, diferente da maioria dos museus, pois conseguiram reconstruir interiores e cenas de rua para retratar momentos relevantes da história. Eles até preservaram uma antiga muralha romana! Também explorei salas com artefatos que o museu encontrou durante escavações arqueológicas na cidade.

Foi nesse museu que encontrei um livro ilustrado sobre a pré-história e, a partir dele, realizei um projeto com meus alunos naquele ano. Durante a visita algumas escolas estavam realizando pesquisa de campo. Não pude deixar de pensar, mais uma vez, nas oportunidades e facilidades que eles possuem. Realidade de poucos, quando pensamos no contexto social do Brasil.

Bem próximo de onde estava, caminhei até a St. Paul's Cathedral, uma linda catedral que se tornou um dos meus edifícios favoritos em Londres! A catedral e sua maravilhosa cúpula são uma visão icônica da paisagem de Londres. Ela também tem um lugar importante na história, sendo o local de sepultamento de notáveis britânicos. Estava aberta aos visitantes para explorarem o seu interior, mas me contentei em apenas admirar sua fachada.

Continuei seguindo para o sul, até atravessar o rio Tamisa pela Millennium Bridge – a ponte do milênio, que foi inaugurada exatamente em 2000. A estrutura em aço que ela possui é bastante diferente das demais pontes da cidade, motivo pela qual chama atenção. Além disso, senti que ela balança um pouco. Mas passei por ela apenas por ter sido um dos cenários no sexto filme da série Harry Potter, onde ela é atacada e completamente destruída

Quando voltei ao nível do solo, fiz uma curta caminhada até o Shakespeare's Globe Theatre. Esta é outra atração importante – perfeita para os aficionados por história e cultura. Dentro do Globo realizam uma visita guiada com explicações sobre a obra de Shakespeare e seu

A1202
A1210
St
Axe
kin)
G
Tower of London
F
London Wall
E
London Bridge
Tooley St
SOU
D
CIDADE DE
LONDRES
Guildhall
C
Millennium Bridge
B
Barbican Centre
9 min
Bankside Hotel,
Autograph Collection
Bem avaliados

impacto duradouro. Há também espetáculos ainda produzidos no palco. Não encontrei nada disso porque, mais uma vez, utilizam o mês de janeiro para a manutenção do espaço. Mas o exterior é muito bonito!

Segui pelas margens do rio até encontrar o Borough Market, um ótimo local para o lanche da tarde, já que não iria rolar almoço. O mercado Borough é considerado um "foodie", termo utilizado para pessoas que apreciam muito as comidas, ou "viciados" em comida. Ou seja, o lugar ideal para encontrar comida e ingredientes incríveis!

Atravessei o Tamisa outra vez para ver outro "monumento". Embora não seja tão imponente quanto a Catedral, a próxima parada foi o Monument of the Great fire, ou Monumento do Grande Incêndio de Londres. Outra obra-prima! A apenas alguns minutos à pé da Catedral, o Monumento é uma coluna canelada, dedicada ao Grande Incêndio de 1666. Muitas pessoas visitam o marco por ser um dos melhores mirantes da cidade, com 60 metros de altura. Foram 311 degraus até o topo, mas foi possível desfrutar de uma vista panorâmica da cidade, incluindo The Shard, London Bridge e outros edifícios icônicos. E o legal é que foi numa perspectiva diferente da London Eye.

Eu quase parei para descansar depois do sobe e desce, mas não consegui. Diminuí os passos para não cansar tão rápido e segui pela Lower Thames. A próxima parada foi a Torre de Londres. Embora seja também um marco icônico, percebi que não existe um consenso entre entrar ou não. Muitos sites indicam que o seu interior é imperdível, mas outros alegam que o exterior já basta. Para mim, que não tinha muitos dias para dividir melhor o roteiro, a melhor opção foi admirar o seu exterior apenas. Mas gostaria de ter explorado seus terrenos. Se você me perguntar, sugiro que faça um tour pela Torre de Londres – mesmo que não saiba como é por dentro – principalmente se dispor de mais tempo na cidade.

Fundada em 1066, a Torre de Londres desempenhou um papel fundamental ao longo dos anos, servindo como residência real, prisão, zoológico e agora o lar das famosas joias da coroa da Inglaterra.

Como ainda não havia passado pela região, sair da Torre e ver a Tower Bridge foi uma surpresa muito grande! E dessa vez não resisti: atravessei a ponte, cheguei ao final e voltei. Tem outra maneira mais pitoresca de se atravessar o Tâmisa, se não for dessa forma? Não satisfeito, já comprei meu ingresso para chegar à passarela de vidro no topo – é fechada, caso você tenha medo de altura – e explorar as salas de máquinas.

Quando voltei para a rua já estava extremamente cansado, mas contente por sentir que o dia havia sido muito produtivo! Voltei ao hotel antes do dia escurecer de vez. A essa altura as luzes já estavam começando a acender. E a Tower Bridge se iluminando já presenteava o lugar com uma atmosfera completamente diferente.

34º DIA

30 DE JANEIRO DE 2018

E por falar em diferente, o dia amanheceu com sol! Pensei que iria embora de Londres e não veria algo assim. A aventura dessa vez teria início no oeste da cidade, em Notting Hill, um bairro que ouço o nome e só consigo me lembrar do filme homônimo de 1999, com as casas coloridas e jardins repletos de flores – mas sem as flores. Notting Hill fica ao norte de Kensington e Hyde Park, portanto, um pouco mais longe do centro de Londres, e para onde iria agora.

No canto sudoeste do Hyde Park está o Palácio de Kensington. Originalmente construído em 1605, o Palácio de Kensington é a resi-

dência oficial em Londres do duque e da duquesa de Cambridge, juntamente com vários outros membros da família real. Particularmente achei o lugar muito mais bonito do que o famoso Palácio de Buckingham. O Palácio de Kensington está situado dentro do Kensington Gardens – jardins de Kensington – um parque real que é perfeitamente integrado ao Hyde Park, com seus gramados bem cuidados cercando todo o Palácio. Este parque real tem algumas áreas abertas ao público, o que o torna um local a mais para passear.

O lugar é muito grande! Confesso que me arrependo um pouco por ter gasto algumas horas caminhando somente por ali. Cansado e com fome, já tinha alcançado o Hyde Park. Encontrei um lugar que nunca esqueci o nome: Serpentine Bar & Kitchen. Já haviam muitos turistas no lugar, então consegui um lanche rápido e voltei para calçada. Depois de reabastecer, fui explorar o Hyde Park – uma parte, na verdade, porque o lugar é enorme. Passei pela fonte Memorial da Princesa Diana, pelo Templo da Rainha Caroline, vi a Estátua do Peter Pan – e lembrei do triste episódio da Disney – e passei pelas trilhas bem desenhadas que cruzam o parque.

Teria tempo ainda para um museu. Escolhi o Science Museum, lugar que abriga todas as conquistas científicas da humanidade. Um ótimo local para experimentar a ciência em primeira mão. E já digo que não: o Science Museum não é sobre fórmulas matemáticas ou coisas do tipo. Muito pelo contrário. De certa forma me pareceu um NEMO – de Amsterdam – mais completo.

O museu tem sete andares exibindo as invenções mais absurdas! Com mais de 15.000 objetos, dando um panorama geral e a oportunidade de explorar os avanços tecnológicos de diferentes campos. Os objetos que encontrei por lá são muito impressionantes! Até mesmo o módulo de descida Soyuz, da espaçonave que trouxe o astronauta Tim

E
D
ISLINGTON
A501
CIDADE DE
LONDRES
The Savoy
Bem avaliados
F
A501
Zoo
Londres
LAMBET
VAU
MARYLEBONE
WESTMINSTER
A5
Victoria Station
Visto recentemente
Hyde Park
B
C
CHELSEA
ad Market
A
BA
KENSINGTON
NOTTING HILL
A3220

Peake de volta à Terra da Estação Espacial Internacional, está por lá. É também um excelente lugar para descobrir a complexidade oculta de objetos do cotidiano. Um exemplo, que me chamou a atenção: a Cadeira Le Corbusier, cujos designers a usaram para explicar como os produtos manufaturados devem seguir regras matemáticas de proporções para estar em harmonia com o corpo humano. É algo que ninguém pensa no dia a dia, mas que existe e é aplicado.

Apesar de muitos itens, minha visita ao museu foi bastante rápida e ainda tinha cerca de duas horas até começar a escurecer. Precisava aproveitar o máximo possível, já que foi o único dia em que o clima estava realmente bom. Aproveitei que no museu existia rede de internet Wi-Fi – lugares assim me salvaram em quase toda a viagem – abri o mapa e pesquisei por algum possível lugar próximo. Ou não muito próximo... Fui para o metrô e embarquei no primeiro trem sentido Shoreditch, lado oposto de onde estava, no East London.

Um dos bairros mais conhecidos de East London. Artistas de rua que imortalizaram suas obras de arte em paredes aleatórias do bairro. No início, o crescente movimento artístico atraiu moradores que queriam fugir do centro de Londres. Mesmo hoje o lugar ainda é fiel ao seu espírito artístico. Está repleto de galerias de arte, locais de música, lojas vintage e, obviamente, muita arte de rua.

Há grafites legais por toda a região, mas com alguns minutos de caminhada cheguei a um lugar diferente, o Brick Lane. Uma rua histórica que, literalmente, não há espaços em branco ao longo dos muros das ruas, com abundância de cores e desenhos polêmicos. Encontrei também muitas lojas de antiguidade na região.

Para encerrar esse dia, faltava ainda uma coisa, sem a qual não deixaria a cidade muito contente. No dia que cheguei em Londres, minha programação contava com uma visita à Plataforma 9 3/4 na estação de King's Cross. Na verdade, uma representação do lugar que foi recriado como uma homenagem à história. Porém, como fui direto ao hotel – já que me recusei pagar um valor absurdo para guardar as malas – não voltei à estação.

Cheguei no metrô e já estava escuro. Algumas estações depois e estava em King's Cross. Impossível não comparar com os cenários montados nos estúdios Warner. Tudo perfeito! Não consigo identificar se as cenas foram gravadas em estúdio ou na estação real.

E lá estava, a lojinha da Plataforma 9 3/4 e, ao lado, o cenário montado para a icônica fotografia que tanto tinha visto pela internet, do momento em que as pessoas estão acessando a plataforma passando "pela parede", no meio das plataformas 9 e 10. Só quem conhece Harry Potter vai saber do que estou falando.

Entrei na fila, aguardei minha vez e a foto foi feita.

– Wonderful! – disse o fotógrafo. Nunca me esqueci dessa palavra.

Dentro da loja, em uma tela junto ao balcão de atendimento, já aparecia a foto que seria impressa. Voltei para o metrô, carregando o porta retrato em papel com a foto impressa dentro dele. Uma foto que representa não apenas aquele momento, mas sim o final de uma jornada. Ou o início de uma nova? A pessoa que eu via naquele retrato não era a mesma que saiu de casa havia um mês, carregando na mala o desejo de aproveitar melhor as férias. Essa pessoa levava consigo muito mais cultura, experiências, conhecimento e indagações. A vida nunca mais seria a mesma. As férias jamais seriam iguais. Um filme de toda a viagem foi passando em minha cabeça enquanto retornava ao hotel. No dia seguinte iniciaria a viagem de volta, passando primeiro por Madrid e fazendo a conexão com o voo para São Paulo.

Hora de voltar para casa.

ROTEIRO

Toda essa viagem foi resultado de muitos meses de pesquisa que, após cada decisão, colocava em uma planilha. É claro que, no decorrer da aventura, muitas mudanças foram feitas, por razões diferentes: mudança climática, falta de tempo e novas descobertas – por isso a importância de se montar um roteiro flexível. É comum descobrir lugares não previstos no desenrolar da viagem.

Se você quiser ver o roteiro original – o mesmo que levei impresso e precisei mostrar para o oficial em Madrid, lembra? – e fazer as comparações com o aquilo que realmente aconteceu, escaneie o QR Code abaixo.

- PARTE II -

PLANEJAMENTO
E PREPARAÇÃO

"TUDO O QUE VOCÊ PRECISA FAZER É DECIDIR IR, E A PARTE MAIS DIFÍCIL JÁ TERÁ PASSADO."

—Tony Wheeler

Enganados estão aqueles que pensam ser uma tarefa fácil a realização de uma viagem rumo ao desconhecido. "Só preciso do dinheiro e pronto! Já posso viajar...". Mito. Mesmo com todo o dinheiro do mundo, se não existir a ambição de encarar um novo desafio, até mesmo o ato de sair da cama na manhã do dia seguinte se torna impossível. Para mim, faltava a ambição.

Acredito que ser ambicioso não seja algo ruim, desde que você não passe por cima de outras pessoas para alcançar o que se almeja. A palavra em si (ambição) possui diversos significados, porém muitos conhecem apenas um, sendo um sinônimo para "cobiça". Para mim, no entanto, ambicioso é aquele que deseja, veemente, alcançar seus objetivos com extrema determinação. E essa é a palavra-chave para tudo: DETERMINAÇÃO.

Cada viagem começa com uma ideia. Planejar é pegar essa ideia e estabelecer as bases para uma viagem agradável fazendo o seguinte:

- Dando a si mesmo tempo suficiente para aproveitar sua viagem;

- Investindo seu tempo em pesquisas sobre o destino e utilizando esse e outros recursos para tomar decisões certas, com informação;

Construindo um roteiro flexível que incorpora variabilidade, espontaneidade e, sobretudo, praticidade.

Com uma preparação diligente, você estará pronto para encontrar quase tudo em suas viagens. A preparação oferece uma ampla visão geral de qual equipamento comprar, como embalar e quais etapas pré-viagem a serem seguidas para tornar a viagem mais fácil e sem estresse. Foi a preparação que me ajudou a adquirir confiança em dar esses passos, mais seguro por saber que fiz tudo o que pude para me preparar.

TEMPO MÉDIO

Se a sua viagem é para o exterior, vá por pelo menos duas semanas. Salvo a exceção do país de destino ser muito próximo da origem, e se os interesses são muito específicos. Do contrário, você estará se enganando com menos de duas semanas no exterior.

Na prática: você tirou uma semana de férias, por exemplo. Depois de considerar dois dias de viagem (ida e volta) e um dia de ajuste – quanto maior a distância, mais necessário esse dia é – você fica com apenas quatro dias. Um roteiro rápido torna-se obrigatório, e correr de um lugar para outro não é a maneira certa de se tirar férias. Viajar dessa maneira é mais estressante e requer mais energia do que vale. O objetivo maior de suas férias é descansar e se divertir – tudo bem, eu deixei a parte de descansar de lado, mas me diverti muito! Dê a si mesmo uma chance e vá para o exterior por duas semanas ou mais.

Viagens nacionais podem ser feitas em períodos mais curtos. Mas como estou falando em Brasil, tudo depende da distância também! Morar em Porto Alegre e passar o feriado em Manaus, por exemplo, pode não ser uma boa opção. Independentemente do tempo, é importante ponderar todos esses fatores.

Quando decidi que iria para a Europa, e escolhi cada uma das cidades, pesquisei por roteiros prontos na internet, de 3, 5 e 7 dias em cada lugar. Foi a partir daí que descobri o que cada lugar tinha a me oferecer, elenquei meus principais pontos de interesse e montei meu próprio roteiro, sabendo o tempo necessário para cada cidade.

PESQUISAS

Invista em pesquisa! E até mesmo em um guia sobre o destino – por que não? Na era da internet, comprar um guia de viagem pode não apenas parecer desnecessário, mas também um desperdício de dinheiro. Eu diria o contrário: na era da internet, investir em um guia nunca foi tão necessário! Os guias ajudam você a tomar decisões por meio de informações corretas, bem informadas, conforme planeja, economizando tempo e dinheiro. Eles podem lhe dar ideias que você nunca teria considerado, evitar que você vasculhe uma variedade ilimitada de opções, conscientizá-lo sobre fraudes e protocolos culturais, fornecer ideias de passeios a pé e destaques de atrações locais imperdíveis.

A vantagem principal de se utilizar os guias é a facilidade na hora de tomar a melhor decisão de forma espontânea, se os planos mudarem – e eles mudam. Defendo sim o acesso à internet – e afirmo que me fez falta nessa viagem, embora tenha conseguido me adaptar – mas se você, assim como eu, enfrentar algum contratempo, como uma área com serviço irregular, é bom ter uma fonte confiável de informações, seja em formato físico ou salvo no celular.

Como, geralmente, os guias trazem mapas de cidades e/ou bairros, eles permitem que você circule mais facilmente de um lugar para outro dentro de uma cidade. E não te deixam dependente de internet.

No entanto, não posso desconsiderar a importância do mapa online. Principalmente se o guia estiver desatualizado.

Muitos viajantes evitam comprar um guia, confiando inteiramente em sites de viagens como o TripAdvisor. Sou usuário assíduo dessa e outras plataformas, mas eu vejo como complementares. A maior vantagem é unir a informação do guia com experiências de viajantes reais. Não tem erro! Pense nisso: você está gastando milhares de reais em sua viagem. Por que não seguir o conselho de pessoas que viajam profissionalmente?

ECONOMIZE NOS VOOS

O meio de transporte será, muitas vezes, o maior gasto da viagem – se for de avião, é claro. Mas existem formas de economizar.

De acordo com o roteiro programado, é possível pensar na possibilidade dos bilhetes serem de cidades diferentes (ida para uma cidade e a volta saindo de outra). Por exemplo: no roteiro que fiz, o voo de ida foi São Paulo x Madrid; o de volta poderia ter sido Londres x São Paulo. Posso diminuir o custo final tirando um deslocamento desnecessário. Outra maneira é planejar o roteiro como um "círculo", iniciando e finalizando no mesmo ponto, desde que seja viável. Foi o que fiz. Iniciando e finalizando em Madrid. O custo da passagem de volta mais o trecho entre Londres e Madrid custou bem menos do que seria se eu tivesse saído direto de Londres para São Paulo. De qualquer forma, vale a pesquisa! A diferença de preço pode compensar, para que não seja necessário voltar ao primeiro destino antes de regressar ao Brasil.

Um outro recurso que vejo muito hoje são as chamadas "passagens promo". Algumas empresas conseguem descontos consideráveis

em viagens que serão realizadas após 18 ou 24 meses. Se você tem a disponibilidade de se programar com essa antecedência, vale muito à pena! Eu mesmo já consegui passagens com 70% de desconto! E caso seja necessário cancelar, a taxa cobrada é pequena e, na minha opinião, justa pelo serviço entregue.

Agora, se você não conta com essa flexibilidade, existe também o Skyscanner, uma excelente plataforma de busca de voos. Na aba de pesquisa tem a opção de colocar as datas de ida e volta e pesquisar o destino pelo menor preço. Funciona muito bem para os que desejam viajar, não importa o lugar. Confesso que, dentro do Brasil, só escolho os destinos dessa maneira.

Dentro da Europa a estratégia já foi outra. Lá encontramos as companhias aéreas "low cost" – baixo custo. Empresas como a Vueling, Easy Jet e Ryanair são exemplos das que oferecem voos com um preço mais baixo. O segredo está nas limitações do serviço: passagem básica, sem bagagem despachada, e apenas um equipamento na cabine. Pode parecer restrito, mas funciona muito bem! Devido as distâncias curtas entre um país e outro, não faz sentido pagar a mais por isso. E como se não fosse o suficiente, ainda oferecem promoções! Já encontrei passagens custando entre 10 e 20 euros. É outra realidade!

DEFINA SUAS PRIORIDADES

Escolha sua própria aventura! Se há algo que eu abomino, é a ideia de um roteiro organizado de forma arbitrária, no qual somos apenas transportados de um lugar para outro, sem ter informações sobre quando e onde comer, bem como quanto tempo passar em um determinado local. Acho que uma das melhores coisas dessa viagem foi exatamente ter organizado cada detalhe, e assumir cada uma das escolhas certas e erradas.

Depois de decidir para onde você vai, e preparar o guia da viagem, é hora de pensar no seguinte – mas não somente: o que fazer, onde ficar e onde comer. Então eu leio as indicações do guia e complemento com as informações de outros lugares. Eu sempre consulto as avaliações do TripAdvisor, que muitas vezes corroboram com o guia, mas às vezes são contrárias. Por isso é importante ter as duas visões.

Não estou aqui para dizer que as agências de turismo não devam ser utilizadas. Eu entendo que a maior parte das pessoas sente insegurança no momento de planejar uma viagem grande como essa, e acabam recorrendo a profissionais. Isso é extremamente válido! O importante da viagem é viajar! Mas deve ser um trabalho em conjunto, colocando as suas necessidades em foco, e não a organização do agente.

BATE E VOLTA

Já ouviu falar na expressão "bate e volta"? É comumente utilizada para nos referirmos a uma visita rápida a algum lugar, normalmente com retorno no mesmo dia. É uma excelente forma de se aproveitar melhor o tempo disponível na cidade, conhecendo também parte de seus arredores. De todos os lugares que já visitei, consegui fazer alguns "bate e volta", e também pesquisei outros possíveis.

MADRID

Toledo: talvez a cidade mais fácil de se visitar a partir de Madrid. Da estação de Atocha até a primeira capital espanhola a viagem dura 32 minutos. A distância é de, aproximadamente, 70 quilômetros, mas o

trajeto é facilitado pelos trens de alta velocidade da Renfe. A passagem pode ser adquirida no site da empresa, ou em uma das máquinas de autoatendimento da estação.

Aranjuez: bate e volta rápido, já que o ponto de maior interesse é o Palácio Real. O trem, desde Atocha, percorre o trajeto em 35 minutos apenas.

Ávila: com sua magnifica muralha medieval, que contorna todo o centro histórico, está próximo de Madrid, cerca de 100 quilômetros. No entanto, por não contar com a facilidade dos trens rápidos, a viagem dura uma hora e meia, saindo da estação de Chamartín.

Segóvia: essa é para os apaixonados por história. Também saindo da estação de Chamartín, o trem faz o percurso de 90 quilômetros em, aproximadamente, trinta minutos. O que mais chama atenção na cidade é seu Aqueduto romano, um dos monumentos mais bem preservados na Península Ibérica.

Córdoba: deixei esse por último na lista de Madrid porque, além de bate e volta, pode servir de "pit-stop" caso o destino final seja Sevilha (outra opção na Espanha). É o bate e volta mais distante, com uma hora e quarenta minutos de viagem no trem de alta velocidade saindo de Atocha, cerca de 400 quilômetros de distância. Por esse motivo, o recomendado é que consiga uma passagem de trem para chegar antes das 10 horas na cidade. Com mais 45 minutos já estará em Sevilha.

Recomendação pessoal: Toledo e Ávila ou Toledo e Segóvia (caso tenha uns 10 dias na cidade). Menos do que isso, indico somente Toledo. E se vai esticar a viagem até Sevilha, inclua um dia em Córdoba.

PARIS

Château de Versailles: antiga sede do poder real, o palácio de Versalhes é, na minha opinião, visita obrigatória se estiver passando alguns dias em Paris. Passei por lá no inverno, mas recomendo a primavera para apreciar, principalmente, o seu jardim. São várias as opções para se chegar ao lugar, desde a estação Gare Montparnasse (se estiver hospedado ao sul, a viagem dura 50 minutos), Saint Lazare (se estiver ao norte, o trem faz o trajeto em 45 minutos), ou o trem da linha RER C, que vai de leste a oeste, e chega a Versalhes entre uma hora e uma hora e meia, dependendo da estação de início.

FLEXIBILIDADE

Construa um itinerário flexível, planejando tudo o que quiser, mas lembrando que, mesmo os planos mais cuidadosos, podem dar errado. As condições adversas não previstas podem alterar qualquer plano – por exemplo, um local fechado devido à reforma. Por essa razão defendo a construção de um roteiro flexível, que possa acomodar qualquer imprevisto. E para se construir um, basta manter em mente os seguintes princípios:

- Varie suas atividades turísticas – por mais emocionante que seja ver obras-primas de arte e arquitetura, mesmo o fã mais fervoroso pode adquirir rapidamente repulsa a museus, castelos, ou a igrejas, se não for cuidadoso. Monte o itinerário variando suas atividades turísticas. Mesmo lugares tão bonitos quanto Versalhes se tornarão cansativos se vistos dia após dia;

- Desenhe várias opções para cada dia – converse com seus parceiros de viagem (ou faça um monólogo interno se, assim como eu, estiver viajando sozinho) para decidir as atividades do dia seguinte depois de calibrar como você se sente.

Considere passeios a pé e passeios com guias em áudio. Se nenhuma de suas opções for possível, consulte seu guia e pesquise na internet;

🛬 Intercale dias longos e curtos – o descanso é imprescindível. Em viagens longas é fundamental intercalar dias de grande turismo com dias curtos, para evitar o esgotamento;

🛬 Esteja atento aos deslocamentos – dê a si mesmo tempo suficiente para viajar até o ponto de partida e fazer o check-in – e não perca o trem, assim como eu. Evite trânsito e confusão saindo antes ou após o horário de pico. Organize tudo com antecedência e deixe suas malas prontas no seu ponto de partida.

Desde a primeira viagem utilizo uma planilha para me ajudar a construir meu roteiro. Traçar tudo em uma planilha me ajuda a ter consciência dos princípios descritos acima. Se também quiser utilizar, escaneie o QR Code abaixo. Lembre-se de fazer as adaptações necessárias à sua realidade! Nessa planilha é possível montar um "cronograma geral da viagem", com as principais informações; o roteiro específico, dia a dia, de cada "cidade" (será necessário copiar essa aba quantas vezes for necessário para se encaixar em seu roteiro); controles de "hospedagem", "transporte" interno e externo, e as "atrações" programadas – incluindo cidade, data, horários e preços; além dos "gastos totais", para não fugir do orçamento.

ESTABELEÇA UMA 'BASE DOMÉSTICA'

Ficar em uma cidade diferente, dormir em uma cama diferente e constantemente fazer as malas e desfazer as malas, noite após noite, é desgastante e insustentável, até mesmo para o viajante mais empedernido. Reduza a fadiga da viagem:

- Estabelecendo uma base e passando, pelo menos, duas noites lá (ou seja, institua uma regra de duas noites no lugar);

- Escolha uma hospedagem perto dos locais imperdíveis em seu itinerário. Provavelmente você percebeu as escolhas erradas que fiz;

- Você também pode mitigar a fadiga tendo um bom equipamento e fazendo as malas corretamente.

Observe que exceções podem ser feitas para os destinos nos quais você já tenha se hospedado antes, e uma regra de três noites deve ser instituída para viagens mais longas, de três semanas ou mais.

De qualquer maneira, se planeje de acordo. Algumas cidades, por exemplo, garantem apenas um dia de passeio com os pontos turísticos que dispõem. Nesse caso, você pode precisar chegar de manhã, aproveitar os pontos turísticos e, à noite, partir para o seu destino final; ou chegar à noite, conhecer os pontos turísticos no dia seguinte, e ficar mais uma noite, ou se deslocar durante a noite. Finalmente, assim como você varia suas atividades turísticas, varie os tipos de base entre grandes e pequenas cidades – se possível, é claro.

GOOGLE MAPS

Use e crie mapas no Google Maps dos lugares que pretende visitar. Mapeie apenas os imperdíveis. Fazer o contrário convida à paradas desnecessárias na escolha entre diferentes opções. O mapeamento permite que você veja a distância entre os lugares e sua base inicial. Determine se há grupos de lugares que você pode visitar de uma só vez, no mesmo dia, tornando o roteiro mais eficiente. E não se esqueça de fazer o download desse mapa, para o caso de ficar sem acesso à internet. Desta forma poderá acessar rotas a pé e/ou opções de transporte público.

TRANSPORTE PÚBLICO

Provavelmente você percebeu a quantidade de metrô, trem e ônibus que utilizei nessa viagem. Foi a escolha certeira! Transporte público e muita caminhada. É claro que, a depender do destino, isso pode não funcionar da mesma forma.

Nos países da Europa – não somente pelos quais eu passei – o uso do trem, por exemplo, é muito comum. Seria possível rodar por vários países apenas com esse recurso. E dentro das cidades não é diferente. O metrô e o ônibus ajudam muito. Além de ser uma imersão na cultura local que não tem comparação.

Ainda assim, em outros lugares talvez seja mais confortável alugar um carro, mas isso em situações específicas. Do contrário, utilize o transporte local sem medo, sempre com o auxílio dos mapas online, que indicam o trajeto, linhas, tempo e tudo o que é necessário para não se perder.

Meu primeiro contato com o transporte público lá fora foram os trens em Madrid, mas o que aprendi ali serviu como base para o resto da vigem. Em muitas cidades europeias, o custo do transporte público varia de acordo com as regiões. Em Madrid, por exemplo, os trens locais (cercanías) percorrem as diferentes regiões existentes: 0, A, B1, B2, B3, C1 e C2. Sendo a 0 mais central e C2 mais periférica. As tarifas variam de acordo com a quantidade de regiões (ou zonas) que serão percorridas. Quanto aos bilhetes, também existem diferentes opções. Uma delas é o billete sencillo (para uma viagem única), que pode chegar ao custo de 8,70 €; outra é o bonotren 10 viajes (bilhete que dá direito a dez viagens), com o custo máximo de 38,45 €, a depender da quantidade de regiões. Este último já permite uma economia considerável, desde que o transporte seja utilizado por, no mínimo, sete vezes. Por fim, existe ainda a tarjeta turística, que dá direito a um número ilimitado de viagens durante a quantidade de dias adquiridos (de 1 a 7). O custo é mais elevado, podendo chegar a 70,80 €. É necessário estudar os itinerários e descobrir qual será a opção mais vantajosa.

Importante também é considerar esse custo no momento de escolher a hospedagem. É natural que, em regiões mais centrais, o custo com hospedagem seja mais elevado. No entanto, um hotel, ou apartamento, mais afastado fará com que o seu gasto com o transporte aumente, já que o valor não é fixo, e sim variável pela distância. Ou seja, talvez não faça muita diferença (financeiramente falando) se hospedar mais longe, isso sem levar em consideração o tempo economizado com o trajeto.

Minha experiência: em minha primeira visita à Madrid, fiquei hospedado em um hotel que ficava cerca de um quilômetro e meio da estação de trem (trajeto que era necessário fazer caminhando) e até o centro da cidade eram mais 35 minutos de viagem. Quando voltei à Madrid, um ano depois, não cometi o mesmo erro.

Como disse, usei o exemplo de Madrid, mas as outras cidades seguem o mesmo padrão, mudando apenas o valor da passagem. Em Barcelona o sistema Rodalies de Catalunya; já em Londres o cartão Oyster para todos os transportes. Ambos semelhantes a Madrid, dividido por zonas e com pacotes de passagem, que diminui o custo final conforme aumenta o número de bilhetes ou dias. Em Roma e Paris as passagens são compradas individualmente, para cada viagem realizada. E em Amsterdam, o City Card serviu tanto para o transporte como para as atrações da cidade, com o preço também de acordo com a quantidade de dias. Vale lembrar que os valores que mencionei eram os praticados em 2018. Hoje a realidade já deve ser outra.

KIT DE VIAGEM

Monte um kit para as suas viagens, ainda que sejam poucas. Ao montar um kit de viagem, você se dá a melhor chance possível de aproveitá-la. Não economize em bons equipamentos que o servirão bem ao longo de uma vida inteira de viagens.

Compre uma mochila de viagem, não importa o destino. É portabilidade! Ter uma mochila que posso colocar nos ombros me permite se mover com mais fluidez. Eu não tenho que carregar uma mala com rodinhas todas as vezes. Mais uma vantagem é a possibilidade de comprimir seu material, que é maleável, o que possibilita levar na cabine do avião sem medo de não conseguir espaço. E caso a mochila seja grande, mantenha uma segunda de tamanho menor para o dia a dia.

Bolsas e sacos à vácuo também ajudam. Nenhuma das minhas roupas fica flutuando livremente dentro da minha mochila ou mala. Possuo um jogo com algumas bolsas, de tamanhos variados. E quando preciso de apenas um item, não preciso desempacotar e colocar tudo para fora. Eu posso, simplesmente, retirar a bolsa em que o item está. E no caso do saco à vácuo, também permite que você comprima suas roupas e consiga mais espaço.

Também mantenho um "cinto de dinheiro". Na verdade é uma espécie de pochete fina que fica por baixo da roupa, onde guardo o passaporte e o dinheiro bem junto ao corpo.

Pensando no celular, e no tempo que fico na rua quando estou explorando, tenho um carregador portátil. É sério, se ainda não tiver um, compre! Além de seu passaporte, seu celular acaba se tornando o bem mais importante, atuando como ferramenta de comunicação, câmera, guia, mapas e, supondo que você tenha acesso, ponto de conexão à internet. Dias longos podem não oferecer a oportunidade de recarregar seu dispositivo. Um carregador portátil atenua qualquer preocupação. E não se esqueça de recarregar ele também!

E por falar nisso, fecho a lista com um adaptador de tomada. Pesquise e compre os adaptadores apropriados aos países para os quais você está viajando, pois eles provavelmente terão tomadas elétricas diferentes. Ou então pague um pouco mais e tenha apenas um, universal. Ocupa menos espaço na bolsa.

VIAJE LEVE

Aderir esses cinco preceitos simples permitirá que você viaje mais leve:

🛩 Opte pela máxima versatilidade – grande parte das minhas roupas é multiuso. Por exemplo, tenho calças de caminhada

que podem ser convertidas em shorts. Sei que meu guarda-roupa pode ser diferente do seu, mas isso não impede que você escolha roupas versáteis e coringas;

✈ Aprenda a se virar sem – podem existir confortos com os quais você se acostumou. Eu também. Mas para o período que estiver fora renuncie a eles. Mesmo se você estiver no exterior, longe de casa, por um mês ou mais, é importante priorizar a portabilidade. Menos é mais;

✈ Usar itens mais de uma vez – a gente não vai participar de um desfile de modas, então não faz sentido carregar um par de roupa para cada dia. Outra razão pela qual aprendi a escolher roupas de secagem rápida, já que existe uma possibilidade muito real de que eu precise usar itens mais de uma vez. Roupas de secagem rápida são respiráveis e absorvem o suor;

✈ Bolsas ou sacos à vácuo – inevitavelmente seus pertences ficarão em desordem. Os itens que você embalou e dobrou, cuidadosamente, no início de sua viagem, não estarão da mesma forma no final. Essas bolsas são fundamentais para otimizar o espaço, e facilitar a organização quando a viagem possuir mais de um destino;

✈ Deixe algum espaço livre – jamais saia de casa com a mala completamente cheia. Por mais que pareça tentador aproveitar aquele espaço para colocar um casaco ou sapato extra, não vale à pena. É quase certo que, durante a viagem, você compre algumas coisas que encherão sua mochila até a borda quando não couberem mais na mala. Vai gerar um estresse desnecessário e arrependimentos futuros, quando perceber que será necessário comprar uma mala ou mochila, o que vai gerar nova 'falsa necessidade' de comprar mais coisas para encher os novos espaços. É um problema sem fim!

Durante a viagem, outras ações também podem ajudar a viajar leve – mesmo se a quantidade de mala for grande. Antes de sair do Brasil – ou, pelo menos, antes de chegar ao destino – procure saber se haverá um lugar para deixar suas malas caso o horário de check-in ainda estiver distante. Comumente os hotéis oferecem esse serviço, assim como alguns anfitriões que alugam apartamentos pelo Airbnb.

Se o lugar onde ficará hospedado não oferecer esse serviço, ou se for longe de sua área de interesse – como aconteceu comigo em Madrid – procure por armários em estações de trem, terminais de ônibus ou, até mesmo, no aeroporto. O serviço disponibilizado funciona da seguinte forma – pode variar de um lugar para outro: o usuário deixa as bagagens em um armário e paga por um valor que dá direito a 24 horas de permanência. O custo varia de acordo com o tamanho do armário escolhido. Esse padrão encontrei em Madrid e Paris. Já em Londres, outra cidade que seria necessário, era diferente: um valor para cada mala, por algumas horas (se ultrapassar, cobram um valor extra) e ficam guardadas em um galpão junto com todas as outras.

A ideia sempre será viajar com conforto. Não importa se consegue ir com pouca bagagem ou necessita de muitas coisas, sempre haverá uma opção que o ajudará a não carregar o peso desnecessário.

INTERNET

Uma das principais formas de se viajar com mais facilidade é o acesso à internet. Seja para ver as rotas a pé, do transporte ou chamar o carro do aplicativo, um plano de dados ajuda na liberdade e espontaneidade para se locomover rapidamente, se os planos mudarem. Embora o guia de viagem também seja utilizado, ter acesso à internet permite pesquisar mais e impede – ou reduz – que a gente se sinta perdido.

Na Europa, desde junho de 2017 não existe mais roaming internacional entre os países pertencentes da União Europeia, composta hoje por 27 países: Alemanha, Eslovênia, Letônia, Áustria, Espanha, Lituânia, Bélgica, Estônia, Luxemburgo, Bulgária, Finlândia, Malta, Chéquia, França, Países Baixos, Chipre, Grécia, Polônia, Croácia, Hungria, Portugal, Dinamarca, Irlanda, Romênia, Eslováquia, Itália e Suécia. Em 2018, quando passei por Londres, essa regra ainda valia por lá. Hoje, após o Brexit em 2021, quando o Reino Unido deixou a União Europeia, as tarifas de roaming foram retomadas.

Com isso, comprando um chip em um dos 27 países, é possível utilizar seus serviços como chip local em qualquer cidade (destes países, é claro!). Esse regulamento iria vigorar até junho de 2022. No entanto, houve uma renovação e o acordo continua valendo até 2032.

A maior vantagem: o preço. Por 30 euros foi possível conseguir um chip pré-pago em Madrid, já incluso um plano de dados de 6 GB e 50 minutos de conversação para diversos países (incluindo o Brasil), para ser utilizado por até 30 dias. E se necessário for, após o término do período, basta colocar alguns euros de crédito para continuar conectado até o término da viagem.

ENTRETENIMENTO OFF-LINE

Pensar em fazer o download de entretenimento pode ser contraintuitivo para uma viagem, que deveria ocupar toda a sua atenção, mas longos períodos de tempo em lugares sem internet são inevitáveis em sua viagem. Pode ser uma longa viagem de trem ou avião, ou algum outro tipo de imprevisto – como deixar o celular cair, por exemplo – mas tenha certeza que pode acontecer. Você pode se preparar para isso e baixar séries e/ou filmes em seu aparelho. Não se esqueça dos fones de ouvido e um carregador portátil!

Lembre-se de duas coisas:

- Faça o download antes de ir – você pode não ter a mesma seleção disponível, pois a Netflix e o Prime Video, por exemplo, têm contratos de licenciamento diferentes em cada país;

- Esteja ciente do espaço de armazenamento – por algum motivo, os downloads da Netflix parecem ocupar menos espaço de memória do que os downloads do Prime Video. Talvez seja interessante incluir no kit de viagem um cartão de memória extra!

DINHEIRO

Não adianta: o dinheiro ainda é rei! Se vai para o exterior, antes de sair, mesmo que planeje usar um cartão de crédito ou pré-pago para a maioria de suas compras, saia do país com alguma quantia de dinheiro em espécie. É sempre uma boa ideia ter dinheiro em mãos, especialmente se você for roubado – espero que não aconteça. Conforme necessário, você pode obter mais dinheiro em um caixa eletrônico – ATM.

Hoje eu posso dizer que amo cartões de crédito para viagem. Mesmo sabendo que o IOF pago será mais alto, se comparado ao dinheiro em espécie, vale à pena. Eu gostaria de ter aprendido a usar cartões de crédito para viajar ainda nessa primeira viagem.

A premissa por trás de um cartão de crédito na viagem é: por que não pagar suas compras diárias de uma maneira que pague sua viagem? Por que não fazer seu dinheiro trabalhar para você?

Esse assunto é bastante extenso para explicar aqui. Resumidamente, existem diversos cartões de crédito que transformam os gastos em pontos – cada cartão possui suas regras, e alguns acumulam mais pontos do que outros. Esses pontos podem ser trocados, dentre outras coisas, por milhas/pontos nas companhias aéreas. E não estou falando de gastos apenas na viagem, mas sim todas as compras e serviços que pagamos com ele no dia a dia.

Existe uma verdadeira indústria caseira exaltando as virtudes dos cartões de crédito para viagens e relatando como podemos maximizar os pontos que ganhamos. De qualquer forma, tenha em mente três coisas:

- Sempre use um cartão de crédito quando puder – nunca use um cartão de débito ou dinheiro, a menos que seja necessário;

- Você pode obter benefícios de viagem – os cartões de crédito valem seu peso em ouro! Consulte a operadora do seu para conhecer benefícios que, talvez, nem saiba que existam;

- Diversifique – apesar de todos os benefícios dos cartões, um excelente motivo para diversificar é ter reservas em outros lugares para o caso de ser roubado. Nunca viaje só com cartão ou apenas com dinheiro em espécie.

SEGURO VIAGEM

Eu sei que esse é um item que a maioria das pessoas não dá a atenção merecida, mas deveriam. Mesmo que a viagem seja dentro do Brasil, imprevistos podem acontecer e, dependendo da situação, você vai precisar desembolsar uma pequena fortuna para solucionar um problema que o seguro poderia resolver.

Existem três tipos de seguro que você deve considerar e entender para sua viagem:

- Seguro de cancelamento de viagem – cobre seu investimento financeiro inicial, como voos, cruzeiros, hospedagem. Examine, cuidadosamente, a apólice para se certificar de que ela cobre o que você precisa, incluindo o cancelamento por motivos de saúde. Dependendo da apólice, o seguro de cancelamento de viagem pode não cobrir os cuidados médicos necessários no exterior, portanto, você pode precisar de uma apólice de seguro de saúde de viagem separada;

- Seguro de saúde de viagem – se você precisar ir a um hospital ou clínica no exterior, provavelmente será solicitado a pagar do próprio bolso por quaisquer serviços, o que pode ser muito caro. Mesmo que um país tenha um sistema público de saúde, os cuidados podem não abranger pessoas que não são cidadãos. Antes de ir, você deve considerar suas opções de seguro, caso precise de cuidados enquanto estiver no exterior, especialmente se tiver problemas de saúde existentes, se permanecer longe de casa por muito tempo ou se for realizar alguma atividade de aventura;

- Seguro de evacuação médica – se você estiver viajando para um destino remoto ou para um lugar onde os cuidados provavelmente não estejam de acordo com os padrões que estamos habituados, considere pagar por um seguro de evacuação médica. Isso pode ser adquirido separadamente ou como parte de sua apólice de seguro de saúde de viagem. Este seguro pagará o transporte de emergência de uma área remota para um hospital de alta qualidade.

Esses três seguros cobrem diferentes situações e podem lhe dar tranquilidade financeira, além de permitir viagens seguras e saudáveis.

Outra razão para se obter um cartão de crédito é a oferta de benefícios para viagens. Um desses benefícios é o seguro de viagem que, muitas vezes, cobre quase todos os descritos acima e você não precisa pagar por ele. Já é uma economia considerável!

DOCUMENTOS

Um dos piores eventos que podem acontecer a você é o roubo de seu passaporte. Não me imagino passando pela situação, mas sempre estou preparado! Sempre mantenho comigo cópia das principais páginas do passaporte e de outros documentos importantes, e guardo-as em lugares diferentes.

Caso o passaporte seja roubado, ter em mãos as cópias do documento para levar até a embaixada mais próxima irá facilitar — e agilizar — o processamento de um passaporte temporário. Dito isto, mantenha seu passaporte seguro!

E estendo isso a qualquer documento de igual importância. E não mantenha somente as cópias impressas, mas digitais também. Passaporte, cartões, apólice de seguro, e outros documentos. Deixe tudo digitalizado! O ideal é armazenar os arquivos no e-mail ou na nuvem, para o caso de perder o celular ou notebook onde os arquivos originais estejam guardados.

PREVENÇÃO E SEGURANÇA

Jamais comprometa sua segurança. Mesmo que isso signifique gastar mais dinheiro, faça o que você precisa fazer para se manter seguro. Seja prudente. Com uma vida inteira de viagens pela frente, por que correr riscos desnecessários?

Não preciso falar da importância de se visitar o médico antes da viagem, especialmente no caso de doenças já existentes. Além disso, buscar informações quanto as exigências de vacinas, medicamentos – lá fora não conseguimos com a mesma facilidade – e conselhos que você precisa antes de sua viagem. No caso de vacinas, o ideal é conseguir com, no mínimo, 30 dias de antecedência, para não correr o risco de ser barrado na imigração ou que algum efeito colateral atrapalhe seus planos. E não me refiro somente a vacina contra COVID, mas também febre amarela, exigida em muitos países. E lembre-se dos certificados de vacinação!

Já que o assunto é prevenção, pense em elaborar um sistema de segurança contra falhas. No caso de ser roubado, crio várias proteções contra falhas: documentos de identificação guardados em diferentes formatos, cartões de crédito, cartão pré-pago e dinheiro. Assim, dificilmente perderia tudo em minhas viagens, já que é improvável que sejam levados todos de uma vez – improvável, não impossível, infelizmente.

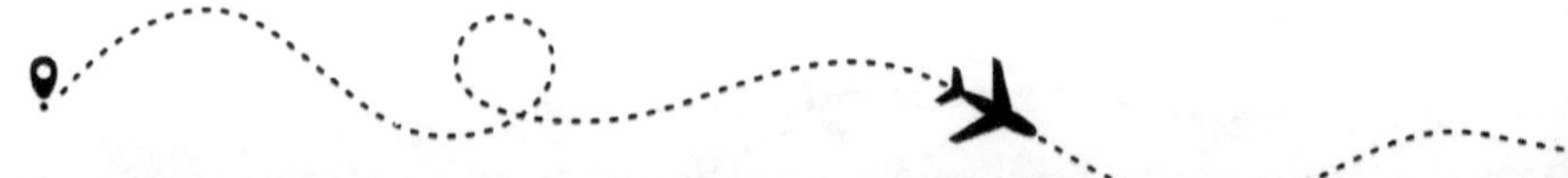

Eu organizo quatro proteções diferentes, em diferentes lugares:

- Carteira pessoal – durante o dia, mantenho cópia do documento, um cartão de crédito, um cartão pré-pago, e o equivalente a um dia de gastos em dinheiro, em um bolso da frente. No caso de ser roubado, tudo é facilmente substituído;

- "Pochete" (cinto de dinheiro) – eu mantenho meu passaporte, um cartão de crédito e dinheiro em espécie. Esse cinto fica por baixo da roupa e sempre comigo. Se estou hospedado em hotel, eu até tomo banho com ele ao lado e durmo com ele debaixo do travesseiro ou no bolso do meu pijama. Prefiro ser chamado de 'doido' do que ficar sem o passaporte em um país estranho;

- Mala – eu mantenho cópia do documento, cópia do cartão de crédito e uma parte do dinheiro, em uma pequena carteira escondida em um bolso interno. Como a mala fica no lugar onde estou hospedado, é o item mais provável e fácil de ser roubado. Vale lembrar que sempre protejo a mala com cadeado fixo;

- Minha mochila – guardo cópia do documento, cópia do cartão de crédito e dinheiro em espécie, em um bolso interno.

"FALHAR NA PREPARAÇÃO É PREPARAR-SE PARA FALHAR."

—John Wooden

- PARTE III -

APRENDIZADO

"VOCÊ NÃO PODE DEIXAR DE VER O QUE VIU. SEUS HORIZONTES SERÃO EXPANDIDOS PARA SEMPRE, ENTÃO TIRE O MELHOR DE CADA LUGAR. DEIXE QUE AS CULTURAS DOS PAÍSES QUE VOCÊ VISITA MUDEM SUA PERSPECTIVA. PRATIQUE OS ASPECTOS QUE VOCÊ ADMIRA."

REFEIÇÕES ECONÔMICAS

Eu economizei no café da manhã e no almoço comendo refeições simples, mas nutritivas, o que me deu mais tempo e energia para explorar. Com um orçamento finito, não há razão para gastar quantias exageradas em comida. Não só é caro comer fora em todas as refeições, como também não é saudável e consome tempo. Para o café da manhã, a menos que eu esteja hospedado em um lugar onde o café da manhã seja servido, uma fruta e uma barra de cereal já eram o suficientes – além do café, claro. Para o almoço, descobri que nos mercados vendem sanduíches muito bons, e complementava com frutas. Procurava por um bom banco ou área gramada para sentar, e observava que muitos pessoas faziam igual. Para o jantar, eu utilizava o dinheiro que havia economizado durante o dia e me alimentava melhor, já que esse era o único momento no qual não precisava me preocupar com o roteiro.

CAMINHADAS

Caminhe! Acho que foi nessa viagem que aprendi a usar minhas pernas para o que elas foram feitas para fazer! Andar! Por ordem de preferência, escolhi percorrer uma cidade a pé, de metrô, de trem e de ônibus. Com o mapa salvo no celular, traço as rotas a pé e opções de transporte público – para o caso de me cansar, ou se houver algum imprevisto. Quanto à caminhada, depois de percorrer as ruas de Madrid, não apenas me acostumei a caminhar, como também adotei para a vida. Tornou-se meu meio de transporte favorito em viagens. Para mim, o dia não precisa nem estar ensolarado, basta que a chuva forte não me atrapalhe, e não há melhor maneira de explorar uma cidade.

Os centros das cidades geralmente são compactos e construídos para caminhar, e os locais históricos, surpreendentemente, não são tão difíceis de se conectar a pé. Por diversas vezes, enquanto caminhava, aumentava a sensação de estar em uma cidade que se abria para o acaso. Você vê situações e lugares do dia a dia que apenas os locais veem.

Certifique-se, é claro, de usar meias confortáveis e calçados de caminhada. Além disso, com o passar dos dias irá perceber a necessidade de desacelerar, então qualquer tempo extra para chegar a algum lugar não importa — desde que não tenha hora marcada para alguma coisa!

Fico feliz em informar que as únicas doenças físicas que tive foram algumas bolhas nos pés que, milagrosamente, desapareciam em um ou dois dias; além de algumas dores nos pés devido ao sedentarismo e sobrepeso — hoje já solucionei essa questão.

CULTURA

Algo impossível de se imaginar enquanto fazia as pesquisas sobre os lugares. Observar a cultura, agindo como um local temporário mas, ao mesmo tempo, nunca se esquecendo que sou um estrangeiro viajando por uma terra estranha. Eu aproveito meu ponto de vista único para, simplesmente, observar a cultura, deixando de lado as noções preconcebidas e retendo o julgamento dos costumes locais até entender as razões por trás deles.

Certo dia, a estação de metrô em Madrid estava com algum problema nas portas de vidro das catracas, que se abrem somente depois de passar o cartão no leitor. Por essa razão, todas as portas permaneceram, durante algum tempo naquele dia, constantemente abertas. Cada pessoa que por ali passava, para alcançar o metrô, utilizava o seu cartão na máquina da mesma forma, mesmo observando que a passagem estava livre. Um lugar sem vigilância e, ainda assim, com pessoas conscientes de seus deveres.

Outra situação, que presenciei em alguns lugares nos países que visitei: a cultura de se permitir pausar o trabalho no meio da tarde, durante duas ou três horas. É impossível não refletir quanto a qualidade de vida que essas pessoas têm. E o quanto deve aumentar seu rendimento no trabalho. Ainda que seja um pouco frustrante não encontrar comércios abertos por volta de duas horas da tarde.

É claro que, em ambas as situações, não podemos fazer comparações com nossa realidade. São hábitos culturais trazidos de seus antepassados que não exigiram qualquer explicação, apenas fazem parte de suas vidas desde sempre.

COMPRAS

Ir às compras, uma das primeiras coisas que faço em qualquer cidade. Mas normalmente é um mercado, e não uma loja para gastar sem qualquer razão. Eu compro os itens para o café da manhã – quando o hotel não tem – e para os lanches do dia. E muitas vezes não é para economizar – no início era – mas me ajuda a me sentir como um local temporário.

É claro que, viajando para a Europa, não poderia deixar de comprar outras coisas por lá. Já saí do Brasil na intenção de trazer roupas.

O inverno europeu, por exemplo, local e estação da minha primeira experiência fora do Brasil, não é igual ao inverno brasileiro. Da mesma forma, as roupas que utilizamos no Brasil não servem para suportar o frio da Europa. As peças que encontramos à venda em lojas brasileiras, que poderiam ser úteis nesse tipo de viagem, são absurdamente caras. Isso porque, em geral, são itens importados, haja vista que não há razão para serem confeccionadas no Brasil. Por essa razão, comprar diretamente no destino é muito mais vantajoso financeiramente, além da garantia de serem produzidas para suportar o clima local.

Nos países europeus – pelo menos aqueles que visitei – existem lojas com preços bastante em conta, como a Primark, por exemplo. No entanto, aprendi algumas coisas e vou deixar aqui minhas indicações: recomento muito mais as lojas H&M e Zara. A qualidade das peças é maior e a diferença de preço não é muito grande. Na prática, uma camiseta de 6 euros comprada na Zara durou muito mais tempo do que uma de 4 euros que comprei na Primark – que permaneceu intacta somente até a primeira lavagem, na verdade. Por outro lado, até hoje (quatro anos depois) tenho um casaco em perfeitas condições que comprei na Primark na segunda vez que fui à Madrid. Ou seja, depende muito mais do tipo de peça do que da loja em si. Minha recomendação pessoal é: casacos, blusas, calças e até calçados, vale à pena onde estiver mais barato, os demais itens só compraria na H&M ou Zara, ou em lojas específicas (a El Corte Inglês, por exemplo, que são lojas de departamento que tem na Espanha).

ATIVIDADES GRATUITAS

Excelente para pequenos grupos e viajantes solos, como eu, um passeio a pé gratuito é uma maneira, sem riscos, de conhecer o básico

sobre uma cidade. Me habituei a fazer isso em meu primeiro dia inteiro na cidade. Se nunca fez, incorpore ao seu roteiro!

O serviço prestado pelos guias turísticos é de primeira! Nessa viagem não utilizei, mas já o fiz diversas vezes depois. O seu sustento depende disso, pois os guias só ganham dinheiro com as gorjetas que recebem no final. No entanto, a liberdade de andar sem rumo por um lugar não tem comparação.

Outro importante aprendizado foi utilizar os guias em áudio disponíveis na internet, que podem oferecer dicas com destaques de pontos turísticos imperdíveis e passeios a pé. Faça o download desses tours em áudio gratuitos. Conforme planeja seu roteiro, pesquise por esse recurso nos sites que encontrar, para que você não precise pagar pelo áudio em outros lugares. Não deixa de ser uma forma de entretenimento, então, como tal, faça o download antes de ir. Mesmo que você tenha acesso à internet, você pode não ter um serviço bom o suficiente. E se estiver em grupo, coordene com seus companheiros de viagem, pois todos precisarão baixar o tour em áudio.

Pensando em passeios, vou deixar três sugestões específicas, que foram as que mais fizeram sentido para mim nesse período:

- Madrid (Paseo del Arte) – é possível sincronizar dias e horários para visitar os três principais museus da cidade de forma, totalmente, gratuita. Museu do Prado: de segunda a sábado das 18h às 20h e aos domingos e feriados das 17h às 19h. Museu Reina Sofía: de terça a sábado, das 19h às 21h, e aos domingos das 13h30 às 19h. Museu Thyssen-Bornemisza: às segundas-feiras, das 12h às 16h;

- Madrid (Palácio Real) – de segunda a quinta-feira, em horários específicos, o acesso ao Palácio é gratuito a determinados grupos. Um dos beneficiados são os cidadãos ibero-americanos (nós, brasileiros, fazemos parte). O ingresso precisa ser retirado na bilheteria e a apresentação do passaporte é exigida;

✈ Londres - os museus da cidade são outro exemplo de gratuidade. Por essa razão, não busquei nenhum tipo de passe turístico na cidade.

PAGUE MENOS

Em muitos lugares, conseguimos descontos no valor da entrada em diversas atrações. Uma das formas de conseguir esse desconto é sendo um estudante ou professor. Já ouviu falar na ISIC? É uma carteira de estudante internacional que dá o benefício de 50% de desconto em muitos lugares de interesse do turista. O documento também existe na versão do professor, a ITIC. Se durante sua pesquisa por atrações encontrar a informação de desconto para estudantes e professores, é com esse documento que o desconto será possível (embora o desconto possa ser exclusivo para residentes locais, vale pesquisar).

Além dessa opção, alternativas para o público em geral também existem (aos montes). Vou deixar abaixo duas opções que encontrei, usei e recomendo:

✈ Amsterdam (I Amsterdam City Card) - de longe, o melhor passe turístico que já encontrei até hoje! Dá acesso a mais de 100 lugares pela cidade e arredores. Em outros, oferece desconto no ingresso. E ainda inclui acesso ilimitado ao transporte público e, até mesmo, um clássico passeio de barco pelos canais. Perfeito! Opções e preços – valores praticados em 2022: 24h (60 €), 48h (85 €), 72h (100 €), 96h (115 €), 120h (125 €). O local de venda fica no aeroporto;

✈ Paris (Paris Museum Pass) – passe que dá acesso a mais de 50 museus e monumentos na cidade e arredores. São três opções que variam por quantidade de dias – 2, 4 ou 6 dias (48, 96 ou 144 horas), ao custo de 52 €, 66 € e 78 € respectivamente – valores praticados em 2022. Todos eles valem à pena, desde que você visite, no mínimo, 4 lugares (2 dias), 5 lugares (4 dias) ou 6 lugares (6 dias). Pode ser adquirido no site (versão digital) ou no aeroporto, estação de trem, museus, monumentos e escritório de turismo (versão em papel).

SEJA INSPIRAÇÃO

Talvez estes sejam alguns dos meus maiores aprendizados. Não viajei somente para mim, mas também para dezenas de pessoas que esperavam por aquilo, hoje centenas que buscam em meu conteúdo uma forma de preencher suas vidas, seja por meio de sugestões para as suas viagens ou apenas para apreciar os lugares que, por diversas razões, não irão conhecer.

Em sua viagem, você pode tirar centenas, até milhares, de fotos. Hoje é exatamente o que faço. Quando você voltar, vasculhe todas as suas fotos e, na falta de um termo melhor, "favorite" uma ou duas fotos de cada experiência que você teve. Isso facilita contar a história de sua viagem para amigos e familiares quando você voltar para casa. Escolha apenas fotos que despertem alegria, mas arquive todas as outras – ou não, caso não precise, realmente, de cinco fotos da Mona Lisa, por exemplo. À medida que o tempo passa, ao rever esses registros, você será instantaneamente transportado de volta no tempo e no lugar.

Dito isso, exiba sua viagem! Não, eu não quero que você se coloque em uma posição de superioridade aos demais, mas utilize seus recursos para inspirar o próximo. Quando voltei dessa viagem, durante muito tempo me perguntavam sobre ela – eu adorava repetir as histórias várias e várias vezes. Mas então, anos depois, passei a compartilhar isso de um jeito diferente, por meio do Instagram, como se fosse a minha "estante de exibição", e nas legendas conto alguma história daquela foto ou dica de inspiração.

E digo que fazer estes posts, ou um story, para um viajante solitário é algo fantástico! Mesmo que você não tenha ninguém, fisicamente presente, para compartilhar sua experiência, você ainda pode compartilhar digitalmente. Obter curtidas e visualizações é uma maneira de se sentir mais conectado e menos sozinho.

Ter esses registros exibidos dessa maneira, leva a cada vez mais pessoas me perguntarem sobre minhas viagens, servindo como um lembrete constante de que elas também podem ir a esses lugares em breve. Mas tudo isso levanta a questão: para onde seguir? Neste tabuleiro chamado Planeta Terra, ainda existem muitas regiões que desejo conhecer. E o número aumenta a cada dia e a cada novo destino.

CRIE RAZÕES PARA A PRÓXIMA

Criar novos motivos para viajar é fundamental para não deixar de viajar. Algumas pessoas colecionam figurinhas, outras bonecos. Eu aprendi a colecionar viagens. Quanto mais você viaja, mais você adquire uma noção do que você gosta de ver, provar e fazer. E cada vez mais você anseia por experiências semelhantes ao redor do mundo. Há sempre algo a mais para você.

Viajar é um processo de descoberta – uma jornada ao longo da vida – e à medida que envelhecemos, nossos gostos podem mudar. As coisas que gostava nessa viagem, aos 25 anos de idade, já são diferentes do que busco hoje, cinco anos depois. De qualquer forma, devemos sempre ser capazes de criar motivos para viajar.

Uma aquisição material que fiz para inspirar a mim mesmo, e continuar criando motivos para viajar, foi um mapa-múndi. É o lugar onde posso marcar para onde já viajei e perceber que ainda há muito para conhecer. No início, achei que o exercício de marcar onde estive em um mapa-múndi me faria perceber o quão bem viajado eu estava me tornando. Muito pelo contrário, na verdade! Existem grandes extensões de território que eu nunca estive – e provavelmente nunca irei. Por isso defino metas pequena, inicialmente. Uma delas – a longo prazo, é claro – é de passar por todos os continentes.

Algumas pessoas enxergam isso como um gasto desnecessário. Nunca me arrependi de todo o dinheiro que gastei. Eu fui enriquecido além da medida. E isso não tem comparação.

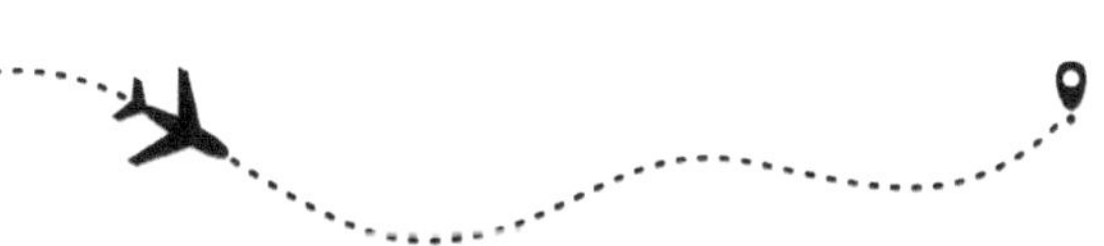

"DAQUI VINTE ANOS VOCÊ FICARÁ MAIS DESAPONTADO PELAS COISAS QUE NÃO FEZ DO QUE PELAS QUE FEZ. ENTÃO JOGUE FORA AS AMARRAS. NAVEGUE PARA LONGE DO PORTO SEGURO. PEGUE OS VENTOS ALÍSIOS EM SUAS VELAS. EXPLORE. SONHE. DESCUBRA."

—Mark Twain

O universo conspirou para me ajudar durante minhas viagens. E a ajuda mais importante foi me afastar da solidão. Antes de partir, e durante minha primeira viagem, muitas vezes as pessoas me perguntavam 'como eu poderia viajar sozinho'. Admito que tive um pouco de apreensão por saber que estaria sozinho. Mas eu disse a mim mesmo que, se alguém poderia viajar por um mês sozinho e ficar bem, esse alguém seria eu.

É questão de hábito! Prefiro viajar o mundo sozinho desejando ter alguém ao meu lado, do que nunca ir a nenhum lugar por medo de estar sozinho. Esteja avisado: viajar sozinho não é para todos. Como um introvertido social, me surpreendi ao descobrir que poderia conseguir colegas facilmente, mas que também precisaria aprender a ficar sozinho por longos períodos de tempo. Dito isso, viajar sozinho tem seus benefícios: sem estar em dívida com ninguém, decido o que quero ver, fazer, comer e por quanto tempo quero ficar, e a que horas quero fazer.

Não posso ser ingênuo nesse sentido. É certo que viajar sozinho, como homem, é uma experiência muito diferente do que viajar sozinho como mulher. De qualquer forma, tudo aquilo que compartilhei aqui é voltado para o viajante de forma geral.

Viajar sozinho é conhecer as pessoas mais interessantes, ser capaz de não apenas evitar a solidão, mas também de ter novos colegas com os quais posso visitar novos lugares. Mas confesso que, ao mesmo tempo, seria bom ter alguém viajando junto, mesmo que apenas para que eu pudesse ter alguém cuidando das minhas malas quando preciso usar o banheiro!

Em um ambiente desconhecido, você fica livre para refletir sobre sua vida com uma clareza que quase nunca é igualada. Aproveite! Você pode distinguir entre problemas que são realmente importantes e aqueles que apenas parecem. Você pode perceber que há coisas que deseja mudar ou correr atrás quando voltar para casa. O fato de estar sozinho não me deixa impedido de ir para onde eu quero ir. Hoje eu sei que o mundo se abre para você quando viaja.

Este foi um sonho relativamente pequeno, mas mesmo assim, realizá-lo me energizou: tenho muitas outras aventuras para viver, palavras para escrever e sonhos para perseguir. E ir atrás dos meus sonhos, especialmente aqueles que se mostraram tão ilusórios, com ardor e persistência, é a maneira que aprendi a viver. Por que viver, caso contrário? Afinal, quais são seus sonhos? O que você faz para concretizá-los?

"A POSSIBILIDADE DE REALIZARMOS UM SONHO É O QUE TORNA A VIDA INTERESSANTE."

—Paulo Coelho